Kochen unterwegs

Einkaufswörterbuch

D	GB	F	I	E	DK	S
Lebensmittel	**groceries**	**alimentaires**	**alimentari**	**viveres**	**fødevarer**	**livsmedel**
Brot (Weiß-)	(white) bread	pain (blanc)	pane (bianco)	pan (blanco)	(fransk-)brød	bröd (vitt-)
Brühe/Brühwürfel	stock cubes	bouillon/cube de consommé	brodo	caldo/cubito de caldo	bouillon	buljong/ buljongtärning
Butter	butter	beurre	burro	mantequilla	smør	smör
Ei(er)	egg(s)	œuf(s)	uova	huevo(s)	œg	ägg
Eiscreme	ice cream	glace	gelato	helado	is	glass
Essig	vinegar	vinaigre	aceto	vinagre	eddike	ättika
Gelatine	gelatine	gélatine	gelatina	gelatina	gelantine	gelatin
Grieß	semolina	semoule	semolino	sémola	mannegryn	mannagryn
Honig	honey	miel	miele	miel	honning	honung
Joghurt	yoghurt	yaourt	yogurt	yogur	yoghurt	yoghurt
Käse	cheese	fromage	formaggio	queso	ost	ost
Knoblauch	garlic	ail	aglio	ajo	hvidløg	vitlök
Kokosnuss (gerieben)	coconut (dessicated)	noix de coco (râpé)	noce di cocco (grattugiata)	coco	kokosnød (revet kokos)	kokosflingor
Mandeln	almonds	amandes	mandorle	almendras	mandler	mandel, -ar
Marmelade	jam/marmelade	confiture	marmellata	mermelada	marmelade	marmelad
Mayonnaise	mayonnaise	mayonnaise	maionese	mayonesa	mayonnaise	majonnäs
Mehl	flour	farine	farina	harina	mel	mjöl
Nudeln	noodles/pasta	nouilles	pasta	pastas	pasta	nudel/ makaroner
Nüsse	nuts	noix	noci	nueces	nødder	nötter
Öl (Olivenöl)	oil	huile (d'olive)	olio (di oliva)	aceite (de oliva)	olie	olja
Pfeffer/Salz	pepper/salt	poivre/sel	pepe/sale	pimienta	peber/salt	peppar
Quark	quark	fromage blanc	ricotta	requesón	kvark	kvark
Reis	rice	riz	riso	arroz	ris	ris, risgryn
Sahne	cream	crème	panna	nata	fløde	grädde
Semmelbrösel	breadcrumbs	chapelure	pangrattato	–	rasp	rivebröd
Senf	mustard	moutarde	senape	mostaza	sennep	senap
Speisestärke	starch-flour	fécule	fecola	fecula	stivelse	stärkelsemjöl
Tomatenmark	tomato passata (pulp)	concentré de tomates	concentrato di pomodoro	puré de tomates	tomatpure	tomatpuré
Vanille	vanilla	vanille	vaniglia	vainillia	vanille	vanilj
Wasser	water	eau	acqua	agua	vand	vatten
Wurst	sausage	saucisson	salsiccia	salchichón	pølse	korv
Zucker	sugar	sucre	zucchero	azúcar	sukker	socker
Zitrone	lemon	citron	limone	limón	citron	citron
Gewürze	**spices**	**épices**	**spezie**	**especias**	**krydderi**	**kryddor**
Kümmel	cumin	cumin	cumino	comino	kommen	kummin
Lorbeer	bayleafs	laurier	alloro	laurel	laurbær	lagerblad
Muskatnuß	nutmeg	noix de muscade	noce moscata	nuez moscada	muskat	muskatnöt
Paprikapulver	paprika	paprika	paprika	pimentón	paprika	paprika
Zimt	cinnamon	canelle	cannella	canela	kanel	kanel
Obst	**fruit**	**fruits**	**frutta**	**frutas**	**frugt**	**frukter**
Ananas	pineapple	ananas	ananas	piña	ananas	ananas
Apfel	apple	pomme	mela	manzana	æble	äpple
Aprikose	apricot	abricot	albicocca	albaricoque	aprikos	aprikos
Banane	banana	banane	banana	plátano	banan	banan
Birne	pear	poire	pera	pera	pœre	päron
Erdbeeren	strawberries	fraises	fragole	fresas	jordbær	jordgubbar

D	GB	F	I	E	DK	S
Feige	figs	figue	fico	higo	figen	fikon
Heidelbeeren	blueberries	airelles	mirtilli	arandano	blåbær	blåbär
Himbeeren	raspberries	framboises	lamponi	frambuesas	hindbær	hallon
Johannisbeeren	red/black currants	groiselles	ribes	grosellas	ribs	vinbär (röda, svarta v.)
Kirschen	cherries	cerises	ciliegie	cerezas	kirsebær	körsbär
Kiwi	kiwi	kiwi	kiwi	kiwi	lawi	kiwi
Mango	mango	mangue	mango	mango	mango	mangofrukt
Melone	melons	melon	melone	melón	melon	melon
Orange	orange	orange	arancia	naranja	appelsin	apelsin
Pfirsich	peach	pêche	pesca	melocotón	fersken	persika
Preiselbeeren	cranberries	airelles rouges	mirtilli rossi	arandanos rojos	tyttebær	lingon
Rhabarber	rhubarb	rhubarbe	rabarbaro	ruibarbo	rabarber	rabarber
Rosinen	raisins	raisins secs	uva passa	pasas	rosiner	russin
Weintrauben	grapes	raisins	uva	uvas	vindruer	vindruvor
Gemüse	**vegetables**	**légumes**	**verdure**	**verduras**	**grøntsager**	**grönsaker**
Aubergine	aubergine	aubergine	melanzana	berenjena(s)	aubergine	aubergine
Avocado	avocado	avocade	avocado	avocado	avocado	avokado
Blumenkohl	cauliflower	chou-fleur	cavolfiore	coliflor	blomkål	blomkål
Bohnen	beans	haricots	fagiolini/fagioli	judia(s)	bønner	bönor
Broccoli	broccoli	brocoli	broccoli	bróculi	broccoli	broccoli
Erbsen	peas	pois	piselli	guisantes	ærter	ärter
Fenchel	fennel	fenouil	finocchio	hinojo	fenikel	fänkål
Frühlingszwiebeln	green onions spring onions	oignons de printemps	cipollini	cebollanas	forårsløg	schalotten-lökar
Kartoffel	potatoes	pommes de terre	patate	patatas	kartofler	potatis
Kichererbsen	chickpeas	pois chiches	ceci	garbanzos	kikærter	kikärter
Kohl	cabbage	chou	cavolo	berza, col	kål	kål
Lauch	leek	poireau	porro	puerro	porre	purjolök
Möhre	carrot(s)	carotte(s)	carote	zanahoria(s)	gulerod	morötter
Oliven	olives	olives	olive	aceitunas(s)	oliven	oliver
Paprikaschote	pepper	poivron	peperone	pimiento	peberfrugt	paprika
Pilze	mushroom	champignons	funghi	hongos, setas	svampe	svampar
Radieschen	radish	radis	ravanello	rabanito(s)	radiser	rädisor
Salat (grüner)	lettuce	laitue	lattuga	lechuga	(grøn) salat	grönsallad
Salatgurke	cucumber	concombre	cetriolo	pepino(s)	agurk(-er)	gurka
Sellerie	celery	céleri	sedano	apio	selleri	selleri
Spargel	asparagus	asperge	asparagi	espárragos	asparges	sparris
Spinat	spinach	épinards	spinaci	espinacas	spinat	spenat
Tomate(n)	tomato(s)	tomate(s)	pomodoro(i)	tomate(s)	tomat(-er)	tomat
Zucchino(i)	courgette	courgette	zucchine	zucchini	squash	zucchini
Zwiebel	onion	oignon	cipolla	cebolla	løg	lök
Kräuter	**herbs**	**herbes**	**erbe**	**hierbas**	**krydderi**	**örter**
Basilikum	basil	basilic	basilico	albahaca	basilikum	basilika
Dill	dill	aneth	aneto	eneldo	dild	dill
Petersilie	parsley	persil	prezzemolo	perejíl	persille	persilja
Schnittlauch	chives	civette	erba cipollina	cebolletta	purløg	gräslök
Fisch	**fish**	**poisson**	**pesce**	**pescado**	**fisk**	**fisk**
Aal	eel	anguille	anguilla	anguila	ål	ål
Austern	oysters	huîtres	ostriche	ostras	østers	ostron
Forelle	trout	truite	trota	trucha	forel	forell
Garnelen	shrimps/prawns	crevettes	gamberetti	gambas	rejer	räkor
Hering	herring	hareng	aringhe	arenque	sild	sill
Hummer	lobster	homard	astice	bogavante	hummer	hummer
Kabeljau(filet)	cod (fish)	(filet de) cabillaud	filetto di merluzzo	bacalao	torskefilet	stortorsk/ kabeljo

D	GB	F	I	E	DK	S
Krabben	crab	crevettes	gamberi	camarones	rejer	krabba
Lachs	salmon	saumon	salmone	salmón	laks	lax
Muscheln	mussels	moules	vongole/cozze	almejas	muslinger	musslor
Rotbarschfilet	redfish	rasecasse	pesce persico	gallineta	rødfisk	rödfisk
Sardellen	anchovy	anchois	acciughe	anehoa	ansjoser	ansjovis/ sardeller
Sardinen	sardines	sardines	sardine	sardinas	sardiner	sardiner
Scholle	plaice	plie	passera di mare	solla/acedía	rødspætte	rödspätta
Seezunge	sole	sole	sogliola	lenguado	søtunge	sjötunga
Thunfisch	tuna	thon	tonno	atún	tun	tunfisk
Tintenfisch	squid	seiche	seppia	calamar(es)	blæksprutte	bläckfisk
Fleisch	**meat**	**viande**	**carne**	**carne**	**kød**	**kött**
Hähnchen	chicken	poulet	pollo	pollo	kylling	kyckling
Hackfleisch	minced meat	viande hachée	carne macinata	carne picada	hakkekød	köttfärs
Hirsch	venison	cerf	cervo	ciervo	hjort	hjort
Elch	elk meat	élan	alce	anta	elg	älg
Huhn (Suppen-)	hen	poule	pollo	gallina	(suppe)høne	höns
Kalb	veal	veau	vitello	ternera	kalv	kalv
Kaninchen	rabbit	lapin	coniglio	conejo	kanin	kanin
Kotelett	chops	côtelette	costata	chuleta	kotelet	kotlett
Lammfleisch	lamb	agneau	agnello	cordero	lammekød	lammkött
Leber	liver	foie	fegato	higado	lever	lever
Rind	beef	bœuf	manzo	vaca	oskekød	oxkött/nötkött
Schinken	ham	jambon	prosciutto	jamón	skinke	skinka
Schweinefl.	pork	porc	maiale	cerdo	swinekød	fläsk
Speck	bacon	lard	lardo	tocino	stegeflæsk	fläsk/späck
Getränke	**beverages**	**boissons**	**bevande**	**bebidas**	**drikkevarer**	**drycker**
Bier	beer	bière	birra	cerveza	øl	öl
Kaffee	coffee	café	caffè	café	kaffe	kaffe
Kakao	cocoa	cacao	cioccolata/ cacao	cacao	kakao	choklad
Milch	milk	lait	latte	leche	mælk	mjölk
Milchkaffee	milk coffee	café au lait	caffè latte	café con leche	kaffe med mælk	kaffe med mjölk
Mineralwasser mit/ ohne Kohlensäure	mineral water sparkling/ still	eau minérale avec/sans gaz	acqua minerale gassata/ naturale	acqua mineral con/sin gas	mineralvand med/uden kulsyre	mineralvatten med/utan kolsyra
Rum	rum	rhum	rum	ron	rom	rom
Saft	juice	jus	succo	zumo	juice	saft/juice
Tee	tea	thé	tè	té	te	te
Wein	wine	vin	vino	vino	vin	vin
Weiß-/Rot-	white/red	blanc/rouge	bianco/rosso	blanco/tinto	hvid-/rød	vitt-/rödvin
Maße/Gewichte	**measures/ weights**	**mésures/poids**	**misure/pesi**	**medidas/pesos**	**mål/vægt**	**mått och vikt**
Gramm	gram	grammes	grammo	gramos	gram	gram
Kilo	kilo	kilo	chilogrammo	kilo	kilo	kilo
Liter	litre	litre	litro	litro	liter	liter
Mengen	**quantities**	**quantités**	**quantità**	**cantidad**	**mængder**	**kvantiteter**
einhalb	half	un demi	mezzo/mezza	un médio	en halv	en halv
ein Viertel	quarter	un quart	un quarto	un cuárto	en kvart	en kvart
eins/eine/einer	one	un/une	uno/una	uno/una	en/et	en/ett
zwei	two	deux	due	dos	to	två
drei	three	trois	tre	tres	tre	tre
vier	four	quatre	quattro	cuatro	fire	fyra
fünf	five	cinq	cinque	cinco	fem	fem
sechs	six	six	sei	seis	seks	sex

D	GB	F	I	E	DK	S
sieben	seven	sept	sette	siete	syv	sju
acht	eight	huit	otto	ocho	otte	åtta
neun	nine	neuf	nove	nueve	ni	nio
zehn	ten	dix	dieci	diez	ti	tio
zwanzig	twenty	vingt	venti	veinte	tyve	tjugo
dreißig	thirty	trente	trenta	treinta	tredive	trettio
vierzig	forty	quarante	quaranta	cuarenta	fyrre	fyrtio
fünfzig	fifty	cinquante	cinquanta	cincuenta	halvtreds	femtio
sechzig	sixty	soixante	sessanta	sesenta	tres	sextio
siebzig	seventy	soixante-dix	settanta	setenta	halvfjerds	sjuttio
achtzig	eighty	quatrevingt	ottanta	ochenta	firs	åttio
neunzig	ninety	quatrevingt-dix	novanta	noventa	halvfems	nittio
100	hundred	cent	cento	cien to	hundrede	hundra
200	twohundred	deux cents	duo cento	doscientos	tohundrede	tvåhundra
1 Dose	a can/a tin	une boîte (de conserve)	una scatola di	una lata	en dåse	en burk
1 Dutzend	a clozen	une douzaine	una dozzina di	una docena	et dusind	ett dussin
1 Flasche	a bottle	une bouteille de	una bottiglia di	una botella	et flaske	en flaska
1 Packung	a packet of	un paquet de	una confezione di	un paquete	et pakke	ett paket
Zubehör	**accessories**	**accessoires**	**accessori**	**accesorios**	**tilbehør**	**tillbehör**
Dosenöffner	tin opener	ouvre-boîtes	apriscatole	abrelatas	dåseåbner	konservöppnare
Filtertüten	filterbags	papier filtrant	filtri di carta	filtros de papel	filterposer	filterpåsar
Flaschenöffner	bottle opener	décapsuleur	apribottiglie	destapador	oplukker	flasköppnare
Gabel	fork	fourchette	forchetta	tenedor	gaffel	gaffel
Gas	gas	gaz	gas	gas	gas	gas
Grill	barbecue	barbecue	griglia	parilla	grill	grill
Holzkohle	charcoal	charbon de bois	carbone di legna	carbón vegetál	trækul	träkol
Kaffeefilter	coffee filter	filtre à cafè	filtro per il caffé	filtro de café	kaffefilter	kaffefilter
Kochlöffel	tablespoon	cuiller de bois	mestolo	cucharón	grydeske	slev
Korkenzieher	corkscrew	tire-bouchon	cavatappi	sacacorchos	proptrækker	korkskruv
Löffel	spoon	cuiller	cucchiaio	cuchara	ske	sked
Messer	knife	couteau	coltello	cuchillo	kniv	kniv
Pfanne	pan	poêle	padella	sartén	pande	panna
Sieb	sieve	passoire	setaccio/ passino	colador	si	såll/sil
Streichhölzer	matches	allumettes	fiammiferi	cerillas	tændstikker	tändstickor
Teller	plate	assiette	piatto	plato	tallerken	tallrik
Topf	pan/pot	pot/marmite	pentola	marmita/olla	gryde	kastrull/gryta
Wo ist ...?	**Where is ...?**	**Où est ...?**	**Dov'è ...?**	**¿Donde esta ...?**	**Hvor er ...?**	**Var år ...?**
Bäckerei	bakery	boulangerie	panetteria	panaderia	bager	bageri
Metzgerei	butcher's (shop)	boucherie	macelleria	carniceria	slagter(-i)	slakteri
Fischgeschäft	fishmonger's	poissonerie	pescheria	pescaderia	fiskehandler	fiskaffär
Gemüseladen	greengrocer's	magasin de légumes	fruttivendolo	verduleria	grønthandler	grönsaksaffär
Supermarkt	supermarket	supermarché	supermercato	supermercado	supermarked	supermarknad
Redewendungen	**idioms**	**tournures**	**frasi idiomatiche**	**giro/modismo**	**vendinger**	**ordvändningar**
Bitte (um etwas)	please	s'il vous plaît	per favore	por favor	værsgo	var så god
Danke	thank you	merci	grazie	gracias	tak	tack så mycket
Guten Appetit!	Enjoy your meal!	Bon appetit!	Buon appetito!	¡Que aproveche!	Take for mad!	Smaklig måltid!
Ich möchte (gern)	I'd like	je voudrais	vorrei	quisiéra	jeg ville	jag skulle (gärna) vilja
Ja/Nein	yes/no	oui/non	si/no	sí/no	ja/nej	ja/nej
Was kostet es?	How much is it?	Ça coûte combien?	Quanto costa?	Cuánto cuesta?	Hvad koster det?	Vad kostar det?

Camping-küche

Camping ist für viele der Inbegriff unbeschwerter, legerer Ferientage. Camping ist leben wie die Nomaden – man läßt sich dort nieder, wo es einem gefällt: Der Natur möglichst nah, doch ohne auf Komfort völlig verzichten zu müssen.

Die Kochausstattung am Campingplatz

Wenn Sie mit Wohnwagen oder Campervan losziehen, ist meist eine Küchenzeile integriert. Wenn Sie zelten, gehören ein kleiner Gaskocher und ein bis zwei Töpfe, eine Pfanne und einige Schüsseln zur Standardausstattung. Gut wenn Sie dann noch an einige unentbehrliche Küchenhelfer gedacht haben: eine Reibe mit mehreren Funktionen, z. B. zum Gurkenhobeln, Käsereiben oder Karottenraspeln; ein gutes Sieb zum Nudelnabgießen oder Salatwaschen; einige scharfe Messer und einen hohen Meßbecher, den Sie auch zum Verrühren von Quarkspeisen oder Desserts verwenden können. Sollten Sie aber aus Platzgründen auf letzteren verzichten wollen, so können Sie sich vielleicht mit folgenden Maßangaben behelfen:
1 gestrichener Eßlöffel wiegt, gefüllt mit:

Butter	15 g,
Reis	15 g,
Öl	12 g,
Wasser	15 g,
Mehl	8 g,
Zucker	14 g.

Bei Kartoffeln können Sie rechnen: Eine kleine wiegt ungefähr 50 g, eine mittlere 100 g und eine große etwa 200 g, dasselbe gilt für Tomaten.

Beim Zelten gehört ein Gaskocher zur Grundausstattung.

Lebensmittel lagern

Nehmen Sie in Kunststoffdosen oder Twist-off-Gläsern die nötige Menge an Grundnahrungsmitteln und Gewürzen mit.
Meist ist beim Campen die Lagerung und Frischhaltung von Lebensmitteln ein Problem. Kaufen Sie deshalb lieber öfter frische Waren ein, und zwar am besten nur in solchen Mengen, die Sie am gleichen Tag verzehren können.
Für die Butter- wie auch Getränkekühlung gibt es einen bewährten Trick: Füllen Sie kaltes Wasser in ein passendes Gefäß oder einen Eimer. Butter oder Getränke werden darin kalt gehalten. In gut verschlossenen Gefäßen können Sie so auch andere Lebensmittel kühlen. Praktischer Nebeneffekt: Es bleiben auch Ameisen oder Mäuse von den Lebensmitteln fern.

Einkaufen auf dem Markt

Lassen Sie sich inspirieren von den farbenfrohen Angeboten der regionalen Märkte, die vor allem in südlichen Ländern täglich geöffnet sind. Suchen Sie sich »Ihren Fisch« aus dem fangfrischen Angebot in der Markthalle am Hafen, und genießen Sie unter südlicher Sonne gereifte Früchte. Gerade beim Camping sind Obst und Gemüse, die durch eine Schale natürlich »verpackt« sind, ideal und darüber hinaus auch noch gesund. Feigen passen sowohl zu süßen Desserts, wie auch zu würzigen Käsesorten und gekochtem oder luftgetrocknetem Schinken. Kaktusfeigen sollten Sie nicht ohne Handschuhe anfassen, denn die Früchte sind extrem stachelig. Wenn Sie Kaktusfeigen einmal probieren wollen, lassen Sie sich die Früchte gleich am Markt schälen.

Eine herrliche Frucht ist der Granatapfel. Sein Name kommt vom lateinischen malum granatum, was soviel wie kernreicher Apfel heißt. Granatäpfel haben einen herben Geschmack, der an Johannisbeeren erinnert, und eine Schale, die so dicht hält wie eine luftdichte Verpackung. Genießbar sind nur die Kerne (die Trennwände sind bitter!). Am besten schneiden Sie den Granatapfel durch und kratzen die Kerne heraus.

Salate, erfrischend und vielseitig

Aber nicht nur eine Vielzahl südländischer Früchte gilt es auszuprobieren: Versuchen Sie ruhig auch einmal die zahlreichen Salate, die unterschiedliche Länder bieten.
Romanasalat ist eine Salatstaude mit langen Blättern, die sich gut zum Dippen eignen.
Bataviasalat ist eine Kreuzung aus Kopf- und Eisbergsalat, leicht bitter im Geschmack. Er schmeckt vor allem gut in bunten Salaten.
Lollo Rosso, ein krauser Salat mit roten Blatträndern, schmeckt solo oder in gemischten Blattsalaten und eignet sich auch gut zum Garnieren.
Radicchio, ein naher Verwandter von Chicorée und Endivien, hat einen leicht bitteren Geschmack. Radicchio schmeckt auch als Gemüse fein.

Der Salat ist so gut wie sein Dressing

Beherzigen Sie bei der Salatzubereitung das Motto der Franzosen und Italiener: Öl von einem Verschwender, Essig von einem Geizhals und Salz von einem Weisen.
Bei einer klassischen Vinaigrette verrührt man zuerst Essig mit Salz, Pfeffer und evtl. Zucker. Dann wird Öl kräftig untergeschlagen und zum Schluß werden Kräuter, Zwiebeln und Knoblauch untergerührt.

Schinkenquark mit Kräutern

- Preiswert
- Gelingt leicht

Der Schinkenquark kann zu frischem Brot als Aufstrich gegessen werden, paßt aber auch zu Kartoffeln oder einem bunten Salat.

Für 4 Personen:

250 g Magerquark
4–5 EL Milch
1 kleines Bund frisches Basilikum
1 Knoblauchzehe
1 kleine frische grüne Chilischote
100 g roher Schinken
Salz · Pfeffer

Zubereitungszeit: 10 Min.

Pro Portion ca.: 703 kJ/168 kcal
13 g EW/9 g F/4 g KH

1 Den Magerquark mit der Milch verrühren.

2 Basilikum waschen und fein hacken. Knoblauch schälen und fein hacken. Die Chilischote putzen, längs halbieren, entkernen und fein hacken. Basilikum, Knoblauch und Chilischote unter die Quarkmasse mischen.

3 Den rohen Schinken fein würfeln und unter die Quarkmasse heben. Mit Salz und Pfeffer abschmecken.

TIP!

Verrühren und schlagen Sie den Quark kräftig mit einer Gabel. Können Sie jedoch mit Mixer oder Pürierstab arbeiten, wird die Creme geschmeidiger und feiner.

Thunfischcreme mit Kapern

- Schnell
- Gelingt leicht

Für 4 Personen:

300 g Thunfisch in Öl (aus der Dose)
200 g Doppelrahm-Frischkäse
50 g weiche Butter
1 unbehandelte Zitrone
4 EL Sahne
2 EL Kapern
Salz · Pfeffer

Zubereitungszeit: 10 Min.

Pro Portion ca.: 1990 kJ/475 kcal
21 g EW/42 g F/5 g KH

1 Den Thunfisch gut abtropfen lassen, mit einer Gabel zerdrücken. Mit dem Frischkäse und der Butter kräftig verrühren.

2 Zitronenschale abreiben und etwa 1 EL Zitronensaft auspressen. Beides mit der Sahne zur Fischmasse geben.

3 Die Kapern hacken und unterrühren. Mit Salz und Pfeffer abschmecken.

VARIANTEN

Die Thunfischcreme schmeckt auch prima als Füllung in Fleischtomaten. Dann können Sie den Frischkäse und die Butter durch 3 hart gekochte und fein gehackte Eier ersetzen. Sehr pikant wird die Creme, wenn Sie noch 3 gut gewässerte, fein gehackte Sardellen hinzufügen. Statt Butter und Sahne können Sie auch Salatöl verwenden.

Avocadocreme

● Schnell
● Gelingt leicht

Avocados gehören zu den Fruchtgemüsen und sind gut bekömmlich. Sie sind verzehrreif, wenn das Fruchtfleisch auf Daumendruck nachgibt.

Für 4 Personen:

2 sehr reife Avocados
6 EL Zitronensaft
1 TL Weißweinessig
1 EL Sahne
1 EL Senf
2 kleine Zwiebeln
2 Knoblauchzehen
1/2 Bund glatte Petersilie
Salz · Pfeffer

Zubereitungszeit: 10 Min.

Pro Portion ca.: 540 kJ/130 kcal
2 g EW/12 g F/4 g KH

1 Avocados schälen, das Fruchtfleisch mit einer Gabel zerdrücken und sofort mit dem Zitronensaft und dem Essig beträufeln. Die Sahne und den Senf unterrühren.

2 Zwiebeln und Knoblauch schälen und fein hacken. Petersilie waschen und bis auf einige Blättchen fein hacken. Vorsichtig unter die Avocadomasse heben.

3 Mit Salz und Pfeffer abschmecken und mit Petersilienblättchen garnieren.

TIP!

Avocadofleisch verfärbt sich binnen einer Stunde und wird braun. Das können Sie verhindern, wenn Sie den Avocadokern in der Masse versenken und erst vor dem Servieren wieder herausnehmen.

Feigen mit Schinken

● Gelingt leicht
● Gut zu verdoppeln

Für 4 Personen:

12 frische Feigen
je 4 Scheiben Salami, Parma-, Lachs- und gekochter Schinken
4 grüne und 4 schwarze Oliven
Für die Sauce:
100 g Roquefort
125 g Sahne
1 TL Weinessig
1 EL Zitronensaft
Salz · Pfeffer
1 Prise Muskatnuß
1 kleines Bund Petersilie

Zubereitungszeit: 10 Min.

Pro Portion ca.: 1680 kJ/400 kcal
43 g EW/15 g F/14 g KH

1 Die frischen Feigen waschen, trockentupfen und längs halbieren. Auf einer Platte zusammen mit Salami und Schinken anrichten. Mit den Oliven garnieren.

2 Für die Sauce den Roquefort mit einer Gabel zerdrücken und mit der Sahne, dem Weinessig und dem Zitronensaft kräftig mischen.

3 Die Sauce mit Salz, Pfeffer und Muskatnuß würzen. Die Petersilie waschen, fein hacken und untermischen.
Dazu passen kräftiges Bauernbrot und trockener Rotwein. Wer warmes Essen bevorzugt, kann Pellkartoffeln dazu servieren.

Provenzalische Tomatensuppe

- Preiswert
- Für 1 Kochstelle

Für 4 Personen:

- 2 mittelgroße Zwiebeln
- 2 Knoblauchzehen
- 1 kleine Sellerieknolle
- 1 Lauchstange
- 75 g durchwachsener Räucherspeck
- 2 EL Olivenöl
- 1/2 l Fleischbrühe (Instant)
- 250 g Tomaten (gut geeignet sind Flaschentomaten)
- 2 EL Tomatenmark (aus der Dose oder Tube)
- Salz · Pfeffer
- je 1/2 Bund Basilikum und Oregano
- 150 g Crème fraiche

Zubereitungszeit: 30 Min.

Pro Portion ca.: 1370 kJ/330 kcal
9 g EW/29 g F/8 g KH

1 Die Zwiebeln und die Knoblauchzehen schälen und fein hacken. Sellerie schälen und fein würfeln. Lauch längs aufschneiden, gründlich waschen und in feine Ringe schneiden. Den Speck von der Schwarte befreien und fein würfeln.

2 In einem großen Topf das Öl erhitzen und die Zwiebeln und die Knoblauchzehen darin glasig dünsten. Sellerie, Lauch und Speck hinzufügen, 3 Min. mitdünsten.

3 Die Brühe angießen und zum Kochen bringen. Alles 10 Min. kochen lassen.

4 Inzwischen die Stielansätze der Tomaten entfernen. Die Tomaten kurz überbrühen, häuten, quer halbieren und eventuell entkernen. Das Tomatenfleisch würfeln. Die Tomaten und das Tomatenmark in die Suppe geben. Mit Salz und Pfeffer abschmecken und 2–3 Min. köcheln lassen.

5 Basilikum- und Oregano waschen, die Blättchen abzupfen, einige zum Bestreuen beiseite legen, die restlichen fein hacken. Zusammen mit der Crème fraîche unter die Suppe rühren. Nicht mehr kochen lassen!
Die Suppe mit den restlichen Kräutern bestreuen. Dazu paßt geröstetes Weißbrot.

VARIANTE

Aus der leichten sommerlichen Tomatensuppe wird ein sättigendes Hauptgericht, wenn Sie die doppelte Menge Tomaten verwenden und 500 g gewürfelte Kartoffeln 15 Min. mitkochen.

Mozzarella in carrozza

- Für 1 Kochstelle
- Schmeckt Kindern

Zu deutsch: Käse in der Kutsche – eine Spezialität aus der Region um Neapel.

Für 4 Personen:

- 300 g Mozzarella-Käse
- 16 Scheiben Weißbrot
- 3 Eigelb
- 5 EL Öl
- Holzspießchen nach Belieben

Zubereitungszeit: 15 Min.

Pro Portion ca.: 2170 kJ/520 kcal
24 g EW/27 g F/44 g KH

1 Mozzarella in dünne Scheiben schneiden und zwischen je 2 Weißbrotscheiben legen. Das Brot eventuell mit kleinen Holzspießchen feststecken, damit der Käse später nicht herausläuft.

2 Die Eigelbe in einem tiefen Teller verquirlen. Die Brote darin wenden und ziehen lassen, bis sie sich gut vollgesogen haben.

3 Das Öl in einer Pfanne erhitzen und die Brote darin goldbraun ausbacken. Dazu schmecken ein aromatischer Tomatensalat und ein trokkener Rotwein.

VARIANTE

Wer beim Käse mehr Würze bevorzugt, kann den Mozzarella mit intensiven Kräutern wie Thymian und Oregano bestreuen oder statt des Mozzarellas einen Blauschimmelkäse verwenden, z. B. italienischen Gorgonzola. Dann paßt sehr gut ein Salat aus blauen Weintrauben, gehackten Nüssen und Eichblattsalat dazu.

TIPS!

Eventuell das Eigelb mit etwas Milch strecken. Wenn Sie keine Holzspießchen zum Feststecken der Brotscheiben haben, feuchten Sie die Brotränder leicht mit Wasser an und drücken sie fest zusammen.

Im Bild oben: Provenzalische Tomatensuppe
Im Bild unten: Mozzarella in carrozza

Italienischer Bauernsalat

- Schnell
- Aus dem Vorrat

Für 4 Personen:

je 250 g grüne und weiße Bohnen (aus Dose oder Glas)
250 g Kichererbsen (aus Dose oder Glas)
1 mittelgroße Gemüsezwiebel
3 mittelgroße schnittfeste Tomaten
150 g Salamischeiben
3 EL Weinessig
Salz · Pfeffer
6 EL Salatöl

Zubereitungszeit: 15 Min.

Pro Portion ca.: 2405 kJ/575 kcal
17 g EW/21 g F/39 g KH

1 Die Bohnen und die Kichererbsen gut abtropfen lassen. Die Gemüsezwiebel schälen und in feine Ringe schneiden.

2 Die Tomaten waschen, von den Stielansätzen befreien und achteln. Die Salamischeiben in feine Streifen schneiden.

3 Diese Zutaten alle in einer Schüssel vorsichtig vermengen.

4 Essig mit Salz und Pfeffer verrühren, das Öl unterschlagen. Den Salat damit übergießen und eventuell nochmals mit Salz und Pfeffer abschmecken.

TIP!

Wer bei diesem kräftigen Salat einen Hauch von Knoblauch wünscht, kann die Servierschüssel zuvor mit einer aufgeschnittenen Knoblauchzehe ausreiben.

Fenchelsalat

- Preiswert
- Vegetarisch

Für 4 Personen:

2 Fenchelknollen
1/2 Salatgurke
2 schnittfeste Tomaten
1 Bund Radieschen
1 kleine Gemüsezwiebel
1/2 Bund Schnittlauch
2 EL Weinessig
1 Prise Zucker
Salz · Pfeffer
4 EL Olivenöl

Zubereitungszeit: 20 Min.

Pro Portion ca.: 570 kJ/140 kcal
29 g EW/9 g F/9 g KH

1 Die Fenchelknollen waschen, putzen und das Fenchelkraut beiseite legen. Die Knollen in feine Scheiben schneiden.

2 Die Gurke waschen, halbieren, mit einem kleinen Löffel die Kerne herauskratzen. Die Gurkenhälften in feine Stifte schneiden.

3 Die Tomaten waschen, die Stielansätze entfernen und achteln. Die Radieschen waschen, die Stiele am Wurzelende abschneiden. Die Radieschen in feine Scheiben schneiden.

4 Zwiebel schälen und fein hacken. Den Schnittlauch in kleine Röllchen schneiden, Fenchelkraut waschen und fein hacken.

5 Essig, Zucker, Salz und Pfeffer verrühren, das Öl unterschlagen. Die Salatsauce mit Schnittlauch und Fenchelkraut vermischen und über den Salat gießen.

Katalanischer Salat mit Knoblauch

- Preiswert
- Vegetarisch

Für 4 Personen:

- **1 Kopfsalat (auch Friséesalat, Eisbergsalat)**
- **4 schnittfeste Tomaten**
- **4 milde Chilischoten (frisch oder eingelegt)**
- **10 mit Paprika gefüllte Oliven**
- **1 Gemüsezwiebel**
- **1 Knoblauchzehe**
- **2 EL Weinessig**
- **Salz · Pfeffer**
- **3 EL Olivenöl**

Zubereitungszeit: 15 Min.

Pro Portion ca.: 510 kJ/120 kcal
2 g EW/8 g F/14 g KH

1 Den Kopfsalat gründlich waschen, gut abtropfen lassen und in mundgerechte Stücke schneiden oder rupfen. Die Tomaten waschen, von den Stielansätzen befreien und achteln.

2 Die Chilischoten waschen, längs halbieren, entkernen. Die Chilischoten in feine Streifen, die Oliven in feine Scheiben schneiden. Die Gemüsezwiebel schälen und in feine Ringe schneiden. Die Knoblauchzehe schälen und fein hacken. Alle Salatzutaten in eine Schüssel geben.

3 Essig mit Salz, Pfeffer und Knoblauch verrühren. Das Öl kräftig unterschlagen. Die Sauce über den Salat gießen, alle Zutaten vorsichtig vermengen.

Rucolasalat mit Eiersauce

- Schnell
- Vegetarisch

Rucola hat einen scharfen, würzigen Geschmack. Er wird auf südlichen Märkten meist im Bund angeboten.

Für 4 Personen:

- **2 Eier**
- **400 g Rucola**
- **1 rote Gemüsezwiebel**
- **4 EL saure Sahne**
- **1 TL mittelscharfer Senf**
- **4 EL Salatöl**
- **2 EL Weinessig**
- **1 EL Zucker**
- **Salz · Pfeffer**
- **1 EL gehackte Zitronenmelisse oder Liebstöckl**

Zubereitungszeit: 20 Min.

Pro Portion ca.: 820 kJ/200 kcal
7 g EW/13 g F/17 g KH

1 Die Eier in 10 Min. hart kochen.

2 Inzwischen den Rucola gründlich waschen, eventuell in längliche Streifen schneiden oder halbieren. Die Zwiebel schälen und in feine Ringe schneiden.

3 Die Eier kalt abschrecken und kurz abkühlen lassen. Dann schälen und fein hacken. Aus den Eiern, saurer Sahne, Senf, Öl, Essig und Zucker eine Sauce rühren. Mit Salz und Pfeffer abschmecken und über den Rucola gießen. Mit den gehackten Kräutern bestreuen.

TIP!

Rucola schmeckt auch in warmen Gerichten wie z. B. in Risotto oder in Nudel-Saucen. Dann wird er fein gehackt verwendet.

Spanische Gemüsetortilla

- Für 1 Kochstelle
- Gelingt leicht

Was im Spanischen unter dem Begriff Tortilla zahlreiche Varianten vereint, ist im Grundrezept nichts anderes als das beliebte französische Omelett oder die italienische Frittata.

Für 4 Personen:

2 mittelgroße Zwiebeln
1 Knoblauchzehe
je 1 rote und 1 gelbe Paprikaschote
150 g spanische Knoblauchwurst
4 mittelgroße schnittfeste Tomaten
3 EL Olivenöl
5 Eier
Salz · Pfeffer
1 EL schwarze Oliven
Holzspießchen

Zubereitungszeit: 45 Min.

Pro Portion ca.: 1550 kJ/370 kcal 19 g EW/29 g F/9 g KH

1 Zwiebeln und Knoblauch schälen und fein hacken. Paprikaschoten waschen, entkernen und würfeln.

2 Knoblauchwurst fein würfeln. Stielansätze der Tomaten entfernen. Tomaten kurz mit kochendem Wasser überbrühen, häuten und vierteln.

3 Öl in einer großen Pfanne nicht zu stark erhitzen. Zwiebeln und Knoblauch darin glasig werden lassen. Wurst, Paprikastückchen und Tomaten hinzufügen und alles leicht anbraten.

4 Die Eier verquirlen, mit Salz und Pfeffer verrühren und über das Gemüse gießen. Die Pfanne dabei kräftig rütteln, so daß sich die Eiermasse gleichmäßig verteilt. Die Oliven darüber streuen. Die Tortilla bei schwacher Hitze ganz fest werden lassen.

5 Die Tortilla auf ein Brett oder einen großen Teller gleiten lasssen. Wie eine Torte in Stücke schneiden. Nach Belieben in jedes Stück ein Holzspießchen stecken. Lauwarm oder kalt servieren.

VARIANTE

Die Tortilla läßt sich gut abwandeln: Ersetzen Sie die Tomaten durch gedünsteten Blattspinat, die Oliven durch geröstete Pinienkerne und die Knoblauchwurst durch zerbröckelten Schafkäse.

Bandnudeln mit Schafkäse

- Gelingt leicht
- Vegetarisch

Für 4 Personen:

2 Bund Frühlingszwiebeln
100 g mild eingelegte Chilischoten
400 g Bandnudeln
Salz
3 EL Olivenöl
6 EL Sherry
300 g Schafkäse
Pfeffer
1 EL Zitronensaft
nach Belieben frische gehackte Kräuter zum Bestreuen

Zubereitungszeit: 25 Min.

Pro Portion ca.: 2620 kJ/630 kcal 29 g EW/23 g F/78 g KH

1 Die Frühlingszwiebeln putzen und in etwa 1 cm lange Stücke schneiden. Die Chilischoten längs aufschneiden, die Kerne entfernen. Chilihälften in Streifen schneiden.

2 Die Bandnudeln in reichlich Salzwasser in 8–10 Min. bißfest kochen. Vor dem Abgießen 4 EL Nudelwasser beiseite nehmen und mit den abgetropften Nudeln warm stellen.

3 Das Olivenöl in einem Topf erhitzen, Frühlingszwiebeln und Chilischoten hinzufügen und unter Rühren 2 Min. dünsten. Mit Sherry ablöschen und etwas einkochen lassen.

4 Den Schafkäse fein würfeln, in die Sauce geben und leicht anschmelzen lassen. Mit Salz, Pfeffer und Zitronensaft abschmecken.

5 Die Sauce über die Nudeln gießen. Eventuell noch einige frische Kräuter darüber streuen.

VARIANTEN

Ersetzen Sie die Frühlingszwiebeln durch frische grüne Bohnen (diese zuvor 20 Min. in Salzwasser garen), fügen Sie statt der Chilischoten feingeschnittenen Frühstücksspeck hinzu und würzen Sie mit Bohnenkraut.

TIP!

Falls Sie keinen Sherry zum Ablöschen haben, nehmen Sie Vermouth oder halbtrockenen Weißwein.

Im Bild oben: Bandnudeln mit Schafkäse
Im Bild unten: Spanische Gemüsetortilla

Sommergemüsesuppe mit Kartoffeln

- Für 1 Kochstelle
- Gut zu verdoppeln

Bei diesem Gericht können Sie sich bei der Auswahl der Zutaten ganz nach dem aktuellen Marktangebot richten. Fast alle Gemüsesorten lassen sich für diese Suppe verwenden. Hier ein Vorschlag, der sich leicht abwandeln läßt:

Für 4 Personen:

1 1/2 l Gemüsebrühe (Instant)
500 g Gemüse (Broccoli, Lauch, Möhren)
4 mittelgroße Kartoffeln
1 Zwiebel
1 Knoblauchzehe
2 EL Öl
1 Bund Petersilie
Salz · Pfeffer

Zubereitungszeit: 50 Min.

Pro Portion ca.: 490 kJ/120 kcal
5 g EW/5 g F/14 g KH

1 Die Gemüsebrühe kochen und beiseite stellen.

2 Das Gemüse und die Kartoffeln putzen, schälen oder waschen und in Würfel, Scheiben oder Streifen schneiden. Alles gut abtropfen lassen.

3 Die Zwiebel und die Knoblauchzehe schälen und fein hacken. In einem großen Topf das Öl erhitzen. Die Zwiebel und den Knoblauch darin glasig dünsten.

4 Das vorbereitete Gemüse und die Kartoffeln hinzufügen und unter Rühren andünsten. Mit der Brühe ablöschen und alles 20 Min. leise köcheln lassen.

5 Die Petersilie waschen. Die Blättchen abzupfen und fein hacken. Die Petersilie zum Schluß noch kurz in der Suppe ziehen lassen. Mit Salz und Pfeffer abschmecken.

VARIANTE

Die Gemüsesuppe wird kräftiger im Geschmack, wenn Sie zwei Lorbeerblätter mitziehen lassen und pikante Wurst, z. B. Räucherwürstchen, in Scheiben geschnitten, hinzufügen.

Kräuterfleisch mit Senfcreme

- Gelingt leicht
- Für 1 Kochstelle

Für 4 Personen:

500 g Schweinefilet
Salz · Pfeffer
3 EL Öl
200 g Schalotten
1 EL Zucker
je 1 Bund Basilikum und Petersilie
3 EL Senf
150 ml Brühe oder Weißwein
125 g Crème fraîche
2 EL Zitronensaft

Zubereitungszeit: 30 Min.

Pro Portion ca.: 1590 kJ/380 kcal
29 g EW/21 g F/13 g KH

1 Fleisch von Haut und Sehnen befreien und mit Salz und Pfeffer würzen. In einer Pfanne das Öl erhitzen. Das Filet darin 5 Min. rundherum braun anbraten. Das Fleisch in der Pfanne zur Seite schieben.

2 Die Schalotten schälen, zum Fleisch geben und leicht anbraten. Dann mit dem Zucker bestreuen und kurz karamelisieren lassen.

3 Basilikum und Petersilie waschen. Die Blättchen abzupfen, einige Petersilienblättchen zum Garnieren beiseite legen.

4 Die anderen Kräuterblättchen fein hacken. Die Hälfte der Kräuter mit dem Senf verrühren. Das Fleisch mit dem Kräutersenf bestreichen und langsam die Brühe oder den Weißwein hinzugießen. Die Pfanne abdecken und das Fleisch mit den Schalotten 10 Min. schmoren lassen.

5 Die andere Hälfte der Kräuter mit der Crème fraîche verrühren. Diese Kräutercreme in die Sauce einrühren. Den Zitronensaft dazugeben. Mit Salz und Pfeffer abschmecken.
Dazu passen Bandnudeln oder Brot.

Gemüse-Hackfleisch-Pfanne

- Für 1 Kochstelle
- Preiswert

Für 4 Personen:

2 Zwiebeln
3 Knoblauchzehen
100 g Champignons
3 kleine Zucchini
1 rote Paprikaschote
7 EL Öl
600 g Hackfleisch (halb und halb)
Salz · Pfeffer
1 TL gekörnte Gemüsebrühe
1/2 Bund frische Kräuter (z. B. Oregano, Thymian, Majoran und Basilikum)

Zubereitungszeit: 35 Min.

Pro Portion ca.: 2390 kJ/570 kcal 34 g EW/45 g F/9 g KH

1 Die Zwiebeln und den Knoblauch schälen und fein hacken. Die Champignons putzen und in Scheiben schneiden. Die Zucchini waschen, halbieren und in Scheiben schneiden. Die Paprikaschote halbieren, putzen, abspülen und in kleine Stücke schneiden.

2 In einer großen Pfanne 3 EL Öl erhitzen und das Fleisch darin unter Rühren braun anbraten. 4 EL Öl hinzufügen. Zwiebeln, Knoblauch, Zucchini und Paprika dazugeben und kurz mitbraten.

3 1/8 l Wasser angießen, mit gekörnter Gemüsebrühe würzen und alles 15 Min. schmoren lassen. Zuletzt die Champignons zugeben, mit Salz und Pfeffer abschmecken. Die Kräuter waschen, die Blättchen fein zerkleinern, über die Gemüse-Hackfleisch-Pfanne streuen.

VARIANTE

Saftiger wird die Hackfleisch-Pfanne, wenn Sie die roten Paprikaschoten durch frische gehäutete Tomaten oder geschälte Tomaten aus der Dose ersetzen. Lassen Sie die Tomaten aber gut abtropfen, bevor Sie sie hinzufügen, sonst wird die Pfanne zu wässrig.

Risotto mit Garnelen

- Für 1 Kochstelle
- Gelingt leicht

Risotto ist einer der Klassiker italienischer Hausmannskost. Kein Wunder, denn neben Pasta läßt sich kaum ein Gericht so wundervoll variieren wie Risotto.
Und noch ein großer Vorteil, gerade für die Camping-Küche: Alles wird in nur einem Topf gekocht.

Für 4 Personen:

400 g rohe Garnelen
1 Zwiebel
1 Knoblauchzehe
60 g Butter
400 g Rundkornreis (z. B. Arborio oder Vialone)
100 ml trockener Weißwein
1 EL gekörnte Gemüse- oder Hühnerbrühe
Salz · Pfeffer
frische Kräuter zum Bestreuen (z. B. Petersilie, Thymian und Oregano)

Zubereitungszeit: 45 Min.

Pro Portion ca.: 2680 kJ/640 kcal 29 g EW/16 g F/85 g KH

1 Die Garnelen aus der Schale lösen (am besten geht es mit einem kleinen spitzen Messer).

2 Vorsichtig den Darm auf der Rückenseite entfernen. Die Garnelen kurz unter fließendem kaltem Wasser abspülen. Mit Küchenpapier abtrocknen.

3 Die Zwiebel und die Knoblauchzehe schälen und fein hacken. Die Hälfte der Butter erhitzen, Zwiebel und Knoblauch darin glasig dünsten.

4 Den Reis einstreuen und unter kräftigem Rühren anschwitzen. Kurz ziehen lassen, bis er glänzt. Mit dem Weißwein ablöschen und bei schwacher Hitze quellen lassen, dabei immer wieder umrühren.

5 Sobald der Reis die Flüssigkeit völlig aufgenommen hat, nach und nach 1 l Wasser angießen. Immer nur soviel Wasser zum Reis geben, bis er eben bedeckt ist. Mit der Brühe würzen.

6 Nach 20 Min. die vorbereiteten Garnelen hinzufügen. Die Garnelen mitziehen lassen, bis sie eine rosarote Färbung angenommen haben. Der Reis sollte nach insgesamt 30 Min. weich und cremig sein.

7 Den Reis von der Kochstelle nehmen und die restliche Butter kräftig unterrühren. Mit Salz

und Pfeffer würzen. Zuletzt den Risotto mit den gehackten Kräutern bestreuen.
Zu diesem Gericht paßt ein trockener Weißwein.

VARIANTEN

Risotto kann mit vielen Zutaten gekocht werden, auch rein vegetarisch, z. B. frühlingshaft mit frischen Erbsen und grünem Spargel oder auch nur mit Tomaten und frischen Kräutern.
Dann jedoch sollten Sie unbedingt geriebenen Parmesan (80–100 g) kurz vor dem Servieren unterrühren.
Statt des Weißweins können Sie die gleiche Menge Hühnerbrühe verwenden.
Wer einen intensiven Fischgeschmack mag, kann die Gemüsebrühe durch Fischfond aus dem Glas ersetzen.

Im Bild oben: Gemüse-Hackfleisch-Pfanne
Im Bild unten: Risotto mit Garnelen

Unter südlicher Sonne

Wer stille Ferientage, fern vom hektischen Urlaubsgeschehen an vollen Stränden sucht, entscheidet sich für »Ferien auf dem Lande«. Bunte bäuerliche Märkte machen Lust zum Selberkochen, zum Ausprobieren der vielen aromatischen Gewürze und der landestypischen Früchte und Gemüse.

Gemüse in der mediterranen Küche

In der modernen Küche ist es selbstverständlich, Gemüse nur kurz, bei möglichst schwacher Hitze mit wenig Wasser zu dünsten oder auch nur in Öl zu braten.
So wird es in den Mittelmeerländern seit Generationen zubereitet.

Die Wahl des richtigen Weins

Oftmals macht erst der richtige Wein ein Gericht zur Gaumenfreude. Grundsätzlich sollten Sie die typischen Weine der Region probieren. Überlegen Sie, ob der Wein eher leicht oder gehaltvoll sein sollte und ob ein Weißwein, ein Rotwein oder ein Rosé besser paßt.
Entscheidend für den Weingenuß ist die richtige Trinktemperatur. Weißweine werden idealerweise mit einer Temperatur zwischen 8° und 12° serviert. Einfache Rotweine schmecken am besten bei einer Temperatur von 14°. Schwere, gereifte Rotweine entfalten ihr Aroma bei etwa 18°.

Versuchen Sie die Weine der Region, in der Sie gerade Urlaub machen.

Die Würze des Südens

Das »Salz in der Suppe« sind frische Kräuter, die jedem Gericht eine ganz spezielle Note geben. Das Kraut des Südens ist das Basilikum. Am gebräuchlichsten ist das Genoveser Basilikum. Daneben gibt es das kleinblättrige Buschbasilikum, das neapolitanische mit seinen auffallend großen Blättern, das leicht pfeffrige rote Basilikum und das Anisbasilikum, das zu Desserts sehr interessant schmeckt. Basilikum paßt besonders zu allen Tomatengerichten, denn es mildert deren Säure. Basilikum sollte nie mitgekocht werden, sondern immer erst ganz zum Schluß unter das Gericht gemischt werden.
Thymian dagegen ist ein Gewürz, das gut einige Zeit mitgekocht werden kann. Es schmeckt zu Lamm- und Wildfleischgerichten und kann in kleinen Mengen auch Salaten zugefügt werden.
Lorbeer kann getrocknet, aber auch frisch verwendet werden. Getrocknet schmeckt er intensiver als frisch. Besonders gut paßt Lorbeer zu Eintöpfen, Suppen und zu Gerichten mit dunkler Sauce oder Hackfleisch-Sugo. Da Lorbeer sein Aroma nur langsam abgibt, muß er immer längere Zeit mitgegart werden.
Frischer Oregano gibt Pastasaucen einen unvergleichlichen Geschmack. Aber auch ein bunter Salat gewinnt durch einige Blätter frischen Oreganos. Oregano sollten Sie nicht mit Majoran mischen, da dieser das zarte Aroma des Oreganos überdecken würde.
Salbei hat ein sehr intensives Aroma, das nicht jeder mag. Deshalb am Anfang lieber etwas sparsam dosieren. Salbei harmoniert sehr gut mit Fisch, aber auch mit Geflügel.
Majoran ist ein sehr angenehm schmeckendes, aber auch dominantes Gewürz. Es erinnert an Thymian, hat aber eine leicht süßliche Note. Majoran paßt gut zu Suppen, Eintöpfen, Rind-, Schwein- und Lammfleischgerichten. Frischen Majoran sollten Sie immer erst kurz vor dem Servieren an das Gericht geben.
Rosmarin erinnert mit seinem pikant-bitteren Aroma an den Geruch von Pinien. Die nadelförmigen Blätter oder Zweige dürfen bei keinem Wildgericht fehlen und runden Fisch-, Lamm- oder Schweinefleisch ab.
Zum Inbegriff mediterraner Küche sind Knoblauch und Olivenöl geworden. Achten Sie darauf, daß der Knoblauch möglichst frisch ist. Wer auf den begleitenden Geruch sensibel reagiert, sollte Knoblauch möglichst nicht in roher Form essen (z. B. im Salat).
Oliven sind als Snack zu einem Gläschen Wein, als Zugabe zur Vorspeise oder auch als Bestandteil einer Sauce in südlichen Ländern unentbehrlich. Lassen Sie sich aber nicht verführen, die Oliven direkt vom Baum zu essen, denn Sie schmecken, ähnlich wie Kapern, nur eingelegt in Öl oder Salzlake. Grün sind die Oliven, wenn sie unreif eingelegt wurden. Schwarze Oliven wurden reif geerntet. Anstelle des Steins werden Oliven häufig mit Paprika oder Mandeln gefüllt.

Kräuter geben vielen Gerichten erst den richtigen Pfiff; und sie helfen Salz zu sparen.

Bruschetta

- Preiswert
- Gelingt leicht

Bruschetta, geröstetes Brot mit pikantem Belag, wird in Italien als »Magenanwärmer« gegessen.

Für 4 Personen:

- je 1 rote und gelbe Paprikaschote
- 3 mittelgroße Tomaten
- 100 g Frühstücksspeck
- 2 kleine Zwiebeln
- 5 Knoblauchzehen
- 8 EL Olivenöl
- 1 Bund Petersilie
- Salz · Pfeffer
- 4 Scheiben italienisches Weißbrot

Zubereitungszeit: 20 Min.

Pro Portion ca.: 1760 kJ/420 kcal
13 g EW/30 g F/25 g KH

1 Die Paprikaschoten halbieren, putzen, waschen und in kleine Würfel schneiden. Die Stielansätze der Tomaten entfernen. Tomaten kurz überbrühen, häuten und würfeln.

2 Den Frühstücksspeck fein würfeln und in einer heißen Pfanne knusprig ausbraten.

3 Die Zwiebeln und 3 Knoblauchzehen schälen und fein hacken. In 5 EL Olivenöl glasig werden lassen. Paprika und Tomaten hinzufügen und 5 Min. mitdünsten.

4 Die Petersilie waschen. Die Blättchen abzupfen, fein hacken und die Hälfte unter die Tomatensauce rühren. Mit Salz und Pfeffer abschmecken.

5 Inzwischen die übrigen Knoblauchzehen schälen, durch die Knoblauchpresse drücken und mit dem restlichen Olivenöl vermengen. Das Brot mit dem Knoblauch-Öl-Gemisch bestreichen und im Backofen rösten.

6 Das warme Brot mit der Tomatensauce bestreichen und mit den restlichen Petersilienblättchen und dem Speck bestreuen.

VARIANTE

Wer scharfes Essen liebt, kann einige Tropfen Chiliöl, das es z. B. in Italien überall zu kaufen gibt, auf das Brot träufeln.

TIP!

Bekömmlicher sind gehäutete Paprika: Die Paprika im Backofen grillen, bis die Haut Blasen wirft, herausnehmen und mit einem angefeuchtetem Geschirrtuch abdecken. Nach 5 Min. kann die Haut ganz leicht abgezogen werden.

Ratatouille mit Schafkäse

- Vegetarisch
- Gut zu verdoppeln

Ratatouille ist eine köstliche Gemüsespezialität aus der Provence. Übersetzt heißt Ratatouille soviel wie »gerührtes Einerlei«.

Für 4 Personen:

- 750 g Tomaten
- 250 g Zwiebeln
- 2 Knoblauchzehen
- 250 g Auberginen
- 250 g Zucchini
- 250 g Paprikaschoten
- 5 EL Öl
- Salz
- Pfeffer
- 1 Bund frische Kräuter wie Oregano, Thymian, Basilikum
- 150 g Schafkäse

Zubereitungszeit: 45 Min.

Pro Portion ca.: 1080 kJ/260 kcal
12 g EW/17 g F/18 g KH

1 Stielansätze der Tomaten entfernen. Tomaten kurz überbrühen, häuten und vierteln.

2 Die Zwiebeln und die Knoblauchzehen schälen und fein hacken. Die Auberginen und die Zucchini waschen und die Enden entfernen. Das Gemüse in Streifen schneiden. Die Paprika halbieren, putzen, waschen und in Streifen schneiden.

3 Öl in einem großen Topf erhitzen. Zwiebeln und Knoblauch darin glasig dünsten. Das Gemüse dazugeben. Alles 25 Min. bei schwacher Hitze unter wiederholtem Rühren garen, bis das Gemüse weich ist.

4 Mit Salz und Pfeffer würzen. Die Kräuter waschen und fein hacken, über die Ratatouille streuen. Zuletzt den Schafkäse würfeln und auf dem Gemüse verteilen.

VARIANTEN

Braten Sie kleine Schweinefilets, die mit Kräuterbutter garniert werden, und reichen Sie diese mit Ratatouille und gekochtem Reis.
Probieren Sie Ratatouille auch als kalte Vorspeise.

TIP!

So entziehen Sie den Auberginen Bitterstoffe: Das Gemüse in Scheiben schneiden, mit Salz bestreuen und 30 Min. ziehen lassen. Dann abspülen und trockentupfen.

Im Bild oben: Ratatouille mit Schafkäse
Im Bild unten: Bruschetta

Möhrengratin mit Schinken

- Preiswert
- Gelingt leicht

Für 4 Personen:

500 g Möhren
250 ml Gemüsebrühe
1 Bund Basilikum
2 EL weiche Butter
1 TL abgeriebene Schale von einer unbehandelten Zitrone
Salz · Pfeffer
100 g roher Schinken
125 g Mozzarella
Fett für die Form

Zubereitungszeit: 40 Min.

Pro Portion ca.: 1090 kJ/260 kcal 12 g EW/20 g F/8 g KH

1 Die Möhren putzen, der Länge nach halbieren und in der kochenden Gemüsebrühe 10 Min. garen, herausheben und gut abtropfen lassen.

2 Das Basilikum waschen. Die Hälfte des Basilikums in feine Streifen schneiden und mit der Butter verrühren. Mit der abgeriebenen Zitronenschale, Salz und Pfeffer würzen.

3 Eine feuerfeste Form einfetten, den Backofen auf 175° vorheizen.

4 Je 3 Möhrenstifte mit Schinken umwickeln und nebeneinander in die Form schichten. Die Basilikumbutter in Flöckchen darauf setzen.

5 Den Mozzarella in Scheiben schneiden und die Möhren damit dachziegelartig belegen.

6 Das Gratin im Backofen (Mitte, Umluft 150°) 15 Min. überbacken. Dann herausnehmen und mit dem restlichen Basilikum bestreuen.

VARIANTE

So wird ein cremiger Auflauf daraus: Den Käse weglassen und die Möhren mit dieser Sauce begießen: 3 EL Mehl und 30 g Butter hell anschwitzen, 1/8 l Milch unter Rühren angießen. Diese Sauce mit 2 verquirlten Eigelben und 100 g Frischkäse legieren.

Zucchini-Käse-Auflauf

- Preiswert
- Gelingt leicht

Zucchini gehören zur Familie der Kürbisse und schmecken am besten, wenn sie höchstens 10–15 cm lang sind. Dann sind sie sehr zart und können sogar roh in Salaten verwendet werden. Größere Zucchini eignen sich hervorragend zum Füllen, z. B. mit einer Hackfleisch-Kräuter-Mischung.

Für 4 Personen:

750 g Zucchini
1 Bund Frühlingszwiebeln (ersatzweise 1–2 Gemüsezwiebeln)
120 g Schnittkäse (Fontina, Gruyère, Comté)
je 1 Bund Dill und Petersilie
2 Eier
100 g Mehl
1 Prise Muskatnuß
Salz · Pfeffer
Butter und Semmelbrösel für die Form

Zubereitungszeit: 50 Min.

Pro Portion ca.: 1330 kJ/320 kcal
19 g EW/16 g F/26 g KH

1 Die Zucchini waschen, putzen und auf einer Reibe grob raspeln.

2 Die Frühlingszwiebeln waschen, putzen und in feine Ringe schneiden (Gemüsezwiebeln schälen und würfeln). Den Käse grob raspeln.

3 Dill und Petersilie waschen, die Blättchen abzupfen, fein hacken. Etwa ein Viertel der Kräuter zum Garnieren beiseite stellen.

4 Die restlichen Kräuter, Zucchini, Frühlingszwiebeln und Käse in einer Schüssel locker vermischen. Die Eier unterrühren. Das Mehl darüber stäuben und vorsichtig unterziehen. Mit Muskatnuß, Salz und Pfeffer würzen.

5 Eine feuerfeste Form mit Butter ausstreichen und mit Semmelbröseln ausstreuen. Die Zucchinimasse einfüllen. Im Backofen bei 180° in 30 Min. goldbraun backen.
Vor dem Servieren die restlichen Kräuter darüber streuen.

VARIANTE

Noch würziger wird der Zucchini-Auflauf, wenn Sie der Gemüsemasse grob gewürfelte Salamischeiben (etwa 100 g) hinzufügen.
1 Ei können Sie durch 150 g Crème fraîche ersetzen.
Den Auflauf zum Schluß noch mit ca. 20 g gehackten Mandeln bestreuen.

Ölsardinensalat mit Kapern

- Schnell
- Aus dem Vorrat

Kapern sind die Blütenknospen des Kapernstrauchs, der im südlichen Europa beheimatet ist. Die besten Kapern kommen angeblich aus Südfrankreich. Kapern haben einen pikant-säuerlichen Geschmack und werden erst dadurch genießbar, daß man sie in Salzlake einlegt. Grundsätzlich gilt: Je kleiner die Kapern, um so schmackhafter sind sie.
Der würzige Salat reicht als Vorspeise für 4 Personen.

Für 4 Personen:

1 Dose Ölsardinen (200 g; mit Haut, ohne Gräten)
Salz · Pfeffer
4 Sardellenfilets (aus dem Glas)
4 EL Zitronensaft
1 EL abgeriebene Schale von einer unbehandelten Zitrone
1 kleine Zwiebel
1–2 EL Kapern
1 EL schwarze Oliven
2 EL gehackte Petersilie

Zubereitungszeit: 15 Min.

Pro Portion ca.: 390 kJ/95 kcal
9 g EW/5 g F/3 g KH

1 Ölsardinen mit einer Gabel zerdrücken, mit Salz und viel Pfeffer würzen.

2 Sardellen mit kaltem Wasser gut abspülen und mit dem Zitronensaft und der Zitronenschale zu den Sardinen geben.

3 Die Zwiebel schälen und fein hacken. Die Kapern je nach Größe ebenfalls fein hacken oder im ganzen lassen und zusammen mit der Zwiebel zu den Sardinen geben.

4 Die Oliven entsteinen, in feine Ringe schneiden und über den Fischsalat streuen. Die gehackte Petersilie unterheben.

VARIANTE

Möchten Sie den Salat als vollständige Mahlzeit servieren, können Sie Reis hinzufügen. Kochen Sie dafür 200 g Langkornreis und ersetzen Sie die Kapern durch 1/2 Bund Schnittlauch. Nach Belieben können Sie noch 4 Tomaten, in Viertel geschnitten, dazugeben.

TIP!

Besonders gut schmeckt der Ölsardinensalat zu geröstetem Weißbrot und fruchtigem Rotwein.

Italienischer Salamisalat

- Schnell
- Gelingt leicht

Für 4 Personen:

100 g grüne Bandnudeln
Salz
200 g Salami, dünn aufgeschnitten
100 g Hartkäse (z. B. Parmesan, Pecorino)
2 kleine Chilischoten
2 kleine Zwiebeln
1 Knoblauchzehe
3 El Essig
Pfeffer
Zucker
einige Nadeln Rosmarin, fein gehackt
5 EL Öl

Zubereitungszeit: 20 Min.
Marinierzeit: 30 Min.

Pro Portion ca.: 2030 kJ/490 kcal
23 g EW/34 g F/23 g KH

1 Die Bandnudeln in reichlich Salzwasser bißfest kochen.

2 Die Salamischeiben in 1 cm dicke Streifen schneiden. Den Käse in kleine Stücke brechen oder in dünne Scheiben schneiden. Die Chilischoten putzen, längs halbieren, entkernen, abspülen und in feine Streifen schneiden. Die Nudeln mit Salami, Käse und Chilischoten in einer Schüssel mischen.

3 Die Zwiebeln und die Knoblauchzehe schälen und fein hacken. Mit Essig, Salz, Pfeffer, Zucker und Rosmarin verrühren. Das Öl kräftig unterschlagen, die Sauce über die Zutaten in der Schüssel gießen. Den Salat zugedeckt 30 Min. ziehen lassen.

VARIANTE

Rustikaler und weniger italienisch wird der Salat, wenn Sie statt der Salamischeiben gegarte Rindfleischstreifen nehmen und den Parmesan durch herzhaften Emmentaler-Käse ersetzen. Dann sollten Sie auch mit viel Petersilie würzen.

Gnocchi alla Romana

- Vegetarisch
- Schmeckt Kindern

Reichen Sie dazu einen Tomatensalat mit viel Basilikum, einen pikanten Gurkensalat mit Knoblauch oder einen Salat aus roten und weißen Bohnen mit schwarzen Oliven.

Für 4 Personen:

1/2 l Milch
125 g Grieß
1 Ei
75 g geriebener Parmesan
Salz · Pfeffer
frisch geriebene Muskatnuß
50 g Butter

Zubereitungszeit: 40 Min.

Pro Portion ca.: 1880 kJ/450 kcal
16 g EW/20 g F/24 g KH

1 Die Milch in einem großen Topf zum Kochen bringen. Den Grieß nach und nach unter Rühren einstreuen und bei sehr schwacher Hitze in 10 Min. ausquellen lassen.

2 Das Ei und zwei Drittel des Parmesans unterrühren. Mit Salz, Pfeffer und Muskatnuß abschmecken.

3 Den Grießbrei auf flache Teller gießen und erkalten lassen. Den Backofen auf 225° vorheizen.

4 Die Grießplatte in Rechtecke schneiden. Eine feuerfeste Form ausfetten und die Grießstücke hineinschichten.

5 Die restliche Butter in Flöckchen darauf setzen und den übrigen Parmesan darüber streuen. Die Gnocchi im Backofen (Mitte, Umluft 200°) goldbraun backen.

TIP!

Falls Ihnen kein Backofen zur Verfügung steht, können Sie die Gnocchi so zubereiten: In einem flachen Teller 2 Eigelbe und 1 EL Milch verquirlen. Darin die Gnocchi-Rechtecke wenden und dann in einer Pfanne in heißem Fett goldgelb braten. Den restlichen Parmesan getrennt dazu reichen.

Scampi mit Joghurtsauce

- Für 1 Kochstelle
- Gelingt leicht

Für 4 Personen:

20 Scampi
1 EL Zitronensaft
5 EL Olivenöl
1 rote Paprika
2 kleine Zucchini
1 Gemüsezwiebel
1/8 l Weißwein
10 schwarze Oliven
150 g fettarmer Joghurt (1,5 % Fett)
3 EL Crème fraîche
1 EL Zitronensaft
2 Knoblauchzehen
Salz · Pfeffer

Zubereitungszeit: 30 Min.

Pro Portion ca.: 1460 kJ/350 kcal
29 g EW/18 g F/13 g KH

1 Die Scampi aus der Schale lösen, waschen und trockentupfen, den Darm entfernen. Scampi mit Zitronensaft beträufeln. 1 EL Olivenöl erhitzen, Scampi darin kurz anbraten, zur Seite stellen.

2 Die Paprika halbieren, putzen, waschen und in feine Streifen schneiden. Die Zucchini waschen und in feine Stifte schneiden. Die Zwiebel schälen und fein hacken.

3 4 EL Olivenöl erhitzen, das Gemüse darin anbraten und mit Weißwein ablöschen. Bei schwacher Hitze 5 Min. ziehen lassen. Die Scampi und die Oliven hinzufügen und alles weitere 5 Min. schmoren lassen.

4 Inzwischen Joghurt, Crème fraîche und Zitronensaft zu einer Sauce verrühren. Die Knoblauchzehen schälen und in die Sauce pressen. Mit Salz und Pfeffer abschmecken. Die Sauce getrennt zu den Scampi reichen.

Im Bild oben: Scampi mit Joghurtsauce
Im Bild unten: Gnocchi alla Romana

Spanisches Hähnchen

- Für 1 Kochstelle
- Gelingt leicht

Für 4 Personen:

2 kleine Hähnchen oder 1 Poularde; Gesamtgewicht ca. 1 kg)
Salz · Pfeffer
Curry- und Paprikapulver
8 Knoblauchzehen
4 Zwiebeln
4 Kartoffeln
1 große rote Paprikaschote
500 g Tomaten
6 EL Öl
2 Lorbeerblätter

Vorbereitungszeit: 20 Min.
Garzeit: 45 Min.

Pro Portion ca.: 2230 kJ/535 kcal
42 g EW/30 g F/24 g KH

1 Hähnchen zerlegen, waschen, trockentupfen und mit Salz, Pfeffer, Curry- und Paprikapulver einreiben.

2 Knoblauchzehen und Zwiebeln schälen und grob hacken. Die Kartoffeln schälen und in kleine Würfel schneiden. Paprika halbieren, putzen, waschen und in mundgerechte Stücke schneiden. Die Stielansätze der Tomaten entfernen. Die Tomaten kurz überbrühen, enthäuten und würfeln.

3 Das Öl in einem großen Topf (mit Deckel) erhitzen, die Hähnchenteile darin rundum braun anbraten. Das Fleisch herausnehmen und zugedeckt beiseite stellen. Das Gemüse ebenfalls kurz im heißen Öl andünsten.

4 Nochmals etwas Fett in den Topf geben. Das Gemüse an den Rand schieben und die Geflügelteile in die Mitte legen. Die Oliven dazugeben. Mit Salz und Pfeffer nachwürzen und die Lorbeerblätter dazwischen legen. Den Topf mit dem Deckel verschließen. Alles bei mittlerer Hitze 45 Min. schmoren lassen.

TIP!

Sie können die Knoblauchzehen in der Schale mitschmoren. Der Knoblauch wird dann weich und kann auf leichten Gabeldruck aus der Schale herausgedrückt und direkt auf leicht geöltes, geröstetes Brot gestrichen werden.

Umbrisches Kaninchen

- Für 1 Kochstelle
- Gelingt leicht

Für 4 Personen:

3 mittelgroße Zwiebeln
2 kleine Chilischoten
250 g Möhren
250 g grüne Bohnen
4 EL Olivenöl
2 Lorbeerblätter
1 Zweig frischer Rosmarin
800 g Kaninchenrücken
Salz · Pfeffer
2 EL Butterschmalz
3 EL Honig
1/4 l Rotwein
1 Bund Petersilie

Vorbereitungszeit: 20 Min.
Garzeit: 30–40 Min.

Pro Portion ca.: 2380 kJ/570 kcal
42 g EW/30 g F/25 g KH

1 Die Zwiebeln schälen und fein hacken. Die Chilischoten putzen, längs aufschneiden, entkernen und in Ringe schneiden. Die Möhren und die Bohnen putzen und in kleine Würfel schneiden.

2 Das Olivenöl in einer Pfanne erhitzen. Die Lorbeerblätter darin schwenken. Den Zweig Rosmarin abspülen und hinzufügen. Den Kaninchenrücken von beiden Seiten kräftig anbraten, herausnehmen, salzen und pfeffern.

3 In einem Topf das Butterschmalz erhitzen. Die Zwiebeln darin glasig werden lassen. Den Honig unterrühren, den Wein angießen. Das Gemüse hinzufügen und 5 Min. dünsten lassen. Salzen und pfeffern.

4 Das Kaninchen dazugeben. Alles zugedeckt bei mittlerer Hitze noch 30–40 Min. schmoren lassen. Die Petersilie waschen. Die Blättchen fein hacken und über das fertige Gericht streuen.

VARIANTE

Dauert Ihnen das Putzen von Möhren und Bohnen zu lange, können Sie stattdessen Champignons aus der Dose und mit Paprika gefüllte Oliven verwenden. Champignons und Oliven aber erst 10 Min. vor Ende der Garzeit dazugeben.

TIP!

Dazu passen ein fruchtiger Rotwein und frisches Weißbrot. Außerdem können Sie einen knackigen Gurkensalat mit einer Senf-Vinaigrette dazu reichen.

Lammkoteletts mit Pesto

- Für 1 Kochstelle
- Gelingt leicht

Pesto ist eine dickliche Sauce, die aus zerstoßenem frischem Basilikum, viel Olivenöl, Käse (Parmesan und Pecorino), Pinienkernen und fein gepreßtem Knoblauch gerührt wird. Pesto wird häufig als Pastasauce verwendet, paßt aber auch hervorragend zu Fleisch- und Kartoffelgerichten.

Für 4 Personen:

Für das Pesto:
1 Bund Basilikum
4 Knoblauchzehen
100 g Parmesan
2 EL Pinienkerne
100–125 ml Olivenöl
Salz
Für die Koteletts:
2 EL Butterschmalz
8 Lamm-Stielkoteletts (à ca. 100 g)
Salz · Pfeffer
2 Zweige frischer Rosmarin

Zubereitungszeit: 45 Min.

Pro Portion ca.: 3720 kJ/890 kcal 40 g EW/80 g F/2 g KH

1 Basilikum waschen und die Blättchen abzupfen. In einem Mörser fein zerreiben. Die Knoblauchzehen schälen, sehr fein hacken oder durch die Knoblauchpresse drücken.

2 Den Parmesan fein reiben. Die Pinienkerne zerdrücken. Das Basilikum mit dem Knoblauch, dem Parmesan und den Pinienkernen vermengen und vorsichtig nach und nach unter ständigem Rühren Öl dazugießen. Mit Salz abschmecken.

3 Das Butterschmalz in einer Pfanne erhitzen und die Lammkoteletts darin von beiden Seiten scharf anbraten. Salzen, pfeffern und mit Rosmarinnadeln bestreuen. Bei mittlerer Hitze 5 Min. weiterbraten. Auf Tellern anrichten und mit Pestosauce übergießen. Dazu passen frisches Weißbrot und Bratkartoffeln.

VARIANTE

Ergänzen Sie den Parmesan mit der gleichen Menge Pecorino und probieren Sie das Pesto zu Spaghetti. Das Pesto nie zu stark erhitzen, sondern nur unter die heißen Nudeln geben. Das gilt auch, falls Sie einmal Pestosauce gebrauchsfertig im Glas kaufen.

TIP!

Falls Sie einen Mixer oder Pürierstab zum Saucenrühren verwenden, geben Sie das Öl sehr langsam hinzu, da das Pesto sonst sehr schnell gerinnt.

Tintenfisch mit getrockneten Tomaten

- Schnell
- Für 1 Kochstelle

Zur Familie der Tintenfische gehören Meerespolypen (die mehrere grob genoppte Fangarme haben), die beliebten Kalamare und die Tintenfische.

Für 4 Personen:

750 g Tintenfischtuben (ohne Tinte)
2 Knoblauchzehen
1 mittelgroßer Zucchino
200 g getrocknete, in Öl eingelegte Tomaten
4 EL Olivenöl
50 ml Weißwein oder Vermouth
Salz · Pfeffer
einige Zweige Oregano, Thymian und Basilikum

Zubereitungszeit: 20 Min.

Pro Portion ca.: 1490 kJ/360 kcal 36 g EW/11 g F/30 g KH

1 Den Tintenfisch unter fließendem kaltem Wasser abspülen, trockentupfen und in kleine Streifen schneiden.

2 Den Knoblauch schälen und fein hacken. Den Zucchino waschen, halbieren und in dünne Scheiben schneiden. Die eingelegten Tomaten kleinschneiden.

3 Das Öl in einer Pfanne erhitzen und den Knoblauch darin glasig werden lassen. Die Tintenfischstückchen hinzufügen und unter Wenden kurz anbraten. Den Zucchino und die Tomaten hinzufügen und kurz mitbraten.

4 Sobald der Tintenfisch gar ist (nach 3–5 Min.), mit Weißwein oder Vermouth ablöschen. Die Flüssigkeit kurz einköcheln lassen, mit Salz und Pfeffer würzen. Die Kräuter waschen, die Blättchen abzupfen und fein zerkleinern. Den Tintenfisch damit bestreuen.

TIPS!

Die Tintenfischpfanne wird zur Pastasauce, wenn Sie nur die halbe Menge Fisch verwenden, dafür aber die doppelte Menge Flüssigkeit angießen. Gut passen dazu dünne Bandnudeln. Vorsicht beim Tintenfisch: Er wird sehr schnell gar! Wird dieser Zeitpunkt verpaßt, ist das Fleisch oft zäh und ungenießbar.

Im Bild oben: Lammkoteletts mit Pesto
Im Bild unten: Tintenfisch mit getrockneten Tomaten

Beerensalat mit Kokoscreme

- Schnell
- Gelingt leicht

Für 4 Personen:

Für den Beerensalat:
200 g Himbeeren
200 g Johannisbeeren
200 g Erdbeeren
4 EL Zucker
2 EL Vanillezucker
1 EL Zitronensaft
3 EL Himbeergeist (ersatzweise Orangensaft)
Für die Kokoscreme:
150 g Magerquark
150 g Sahne
100 g Kokosraspel
1 EL Vanillezucker

Zubereitungszeit: 15 Min.

Pro Portion ca.: 1850 kJ/440 kcal
9 g EW/28 g F/39 g KH

1 Die Himbeeren und die Johannisbeeren verlesen, die Erdbeeren abbrausen, putzen und halbieren. Die Beeren zusammen mit dem Zucker, dem Vanillezucker, dem Zitronensaft und dem Himbeergeist vermengen und kurz ziehen lassen.

2 Den Magerquark mit der flüssigen Sahne cremig rühren, die Kokosraspel und den Vanillezucker hinzufügen und vermengen.

3 Die Kokoscreme in Schüsseln anrichten und mit Beerensalat auffüllen.

VARIANTE

Verwenden Sie statt frischer Erdbeeren die gleiche Menge Stachelbeeren. Diese mit 1/8 l Wasser und 2 EL Zucker 10 Min. dünsten.

Melonen-Bananen-Salat

- Schnell
- Schmeckt Kindern

Für 4 Personen:

4 reife Bananen
1/2 Galia- oder Honigmelone
3 EL Zitronensaft
4 EL Zucker
2 EL Crème fraîche
1 EL gehackte Zitronenmelisseblättchen

Zubereitungszeit: 15 Min.

Pro Portion ca.: 710 kJ/170 kcal
1 g EW/3 g F/38 g KH

1 Die Bananen schälen und in dünne Scheiben schneiden. Die Melone aushöhlen und das Melonenfleisch in mundgerechte Würfel schneiden. In einer Schüssel die Bananenscheiben und Melonenwürfel vorsichtig vermischen.

2 Aus dem Zitronensaft, dem Zucker und der Crème fraîche eine Sauce rühren und über die Früchte gießen.

3 Den Fruchtsalat etwas ziehen lassen und mit den Melisseblättchen bestreuen.

TIP!

Besonders fruchtig wird der Obstsalat, wenn Sie noch frische Erdbeeren hinzufügen.

Früchte der Saison in Orangendip

- Schnell
- Gelingt leicht

Für 4 Personen:

Beliebige frische Früchte der Saison (z. B. pro Person je 100 g Pfirsiche, Aprikosen, Weintrauben und Birnen)
200 g Doppelrahm-Frischkäse
6 EL Orangensaft
2 EL Zucker

Zubereitungszeit: 15 Min.

Pro Portion ca.: 950 kJ/230 kcal
3 g EW/14 g F/22 g KH

1 Obst waschen, trokkentupfen oder schälen. In mundgerechte Stücke schneiden, dabei Kerne, Steine oder Kerngehäuse entfernen. Die Fruchtstücke auf einem großen Teller anrichten.

2 Den Frischkäse mit dem Orangensaft und dem Zucker kräftig verrühren und in einer Schale getrennt zum Obst servieren.

Avocado mit Nußeis

- Schnell
- Preiswert

Avocado ist eine Steinfrucht, die ursprünglich aus Südamerika kommt und heute in vielen tropischen Gebieten kultiviert wird. Während Avocados bei uns meist in Verbindung mit Saucen, Dips und Krabbenfüllungen zubereitet werden, ißt man sie in Argentinien gerne als Dessert.

Für 4 Personen:

2 reife Avocados
2 EL Zitronensaft
4 Kugeln Nußeis
2 EL gehackte Pistazienkerne

Zubereitungszeit: 5 Min.

Pro Portion ca.: 1180 kJ/180 kcal
3 g EW/16 g F/7 g KH

1 Die Avocados halbieren, die Kerne entfernen und das Fruchtfleisch mit Zitronensaft beträufeln.

2 Das Nußeis in die Avocadohälften setzen und mit den gehackten Pistazienkernen bestreuen.

VARIANTEN

Das Eis unterstützt den nussigen Geschmack der Avocado. Sie können – ganz nach Ihrem Geschmack – aber auch andere Eissorten verwenden. Zum Nußeis paßt italienisches Amaretto-Gebäck (Amaretti). Eine fruchtige wohlschmeckende Variante sind frische Himbeeren, Himbeereis und -geist.

Kochen im hohen Norden

Frische Seeluft macht bekanntlich hungrig. Doch auch nach langen Streifzügen durch die Wälder Skandinaviens oder Bootstouren durch nordische Seenlandschaften knurrt der Magen und verlangt nach einer herzhaften Sättigung. Vielleicht machen aber auch die fangfrischen Angebote in kleinen Fischerhäfen Appetit auf nordische Küche.

Beeren und Pilze sammeln

Viele Skandinavier sind begeisterte Beeren- und Pilzsammler. Die ausgedehnten Wälder und Feuchtgebiete des Nordens halten in den Sommerwochen viele leckere Zutaten für Ihren Speiseplan bereit. Der Reigen der Waldfrüchte beginnt mit den aromatischen Erdbeeren im Mai/Juni, es folgen Himbeeren, Brombeeren und Heidelbeeren.
Aber auch die Pilzsaison beginnt in Skandinavien oft schon im Frühsommer. Besonders begehrt sind Steinpilze mit ihrem feinen Aroma und die intensiv schmeckenden, würzigen Pfifferlinge. Grundsätzlich gilt bei dem Verzehr von selbstgesammelten Pilzen: Kochen Sie nie einen Pilz, den Sie nicht hundertprozentig kennen oder haben prüfen lassen. Vielleicht nehmen Sie ein Pilzbestimmungsbuch mit auf die Reise, das neben den typischen Standorten der Pilze und deren Aussehen auch die geschmacklichen Eigenarten der jeweiligen Sorte nennen kann.

Zum Nachtisch schmecken selbstgesammelte Beeren frisch vom Strauch besonders gut.

Pilze zubereiten

Dünsten Sie Pilze nie länger als 10 Min., und das am besten im offenen Topf oder in der Pfanne bei schwacher Hitze. Salzen Sie die Pilze immer erst nach dem Braten, da sie sonst zu sehr verwässern. Eine gute geschmackliche Ergänzung zu Pilzen sind ausgelassener, gebratener Speck und eine Sauce auf Sahne-Basis. Da sich geputzte Pilze schnell bräunlich verfärben, ist es gut, sie mit Zitronensaft zu beträufeln.

Pilze trocknen

Da Pilze bis zu 80 % Wasser enthalten und deshalb schnell faulen, müssen sie so schnell wie möglich gegessen werden. Wenn Sie einmal mehr Pilze gesammelt haben, als Sie verarbeiten können, bietet das Trocknen eine willkommene Möglichkeit der Konservierung.

Dafür die Pilze mit einem Küchentuch oder einem Pinsel säubern. Nur extrem schmutzige Pilze sollten Sie kurz abbrausen. Große Pilze putzen und in Scheiben schneiden, bei Champignons auch die schwarzen Lamellen entfernen. Bei kleinen Pilzen genügt es, wenn Sie das Stielende abschneiden und die Pilze vierteln.

Die so vorbereiteten Pilze auf Papier oder ein feines Gitter legen und an einen luftigen warmen Ort stellen, wo sie auch vor Ungeziefer geschützt sind.

Unverzichtbar: Fisch in vielen Varianten

Zur nordischen Küche gehört frischer Fisch.
Da bei uns Fisch oft einen langen Weg bis zum Verbraucher zurücklegen muß, findet man ihn in deutschen Kochtöpfen eher selten. Doch in nordischen Ländern ist Fisch seit jeher unverzichtbare Grundlage der Ernährung. Wenn Sie jetzt in den Ferien die Gelegenheit haben, fangfrisch einzukaufen, dann greifen Sie zu!

Woran erkennt man frischen Fisch?

Verlassen Sie sich beim Kauf am besten auf Ihre Nase: Der Fisch, der nach Fisch riecht, ist alles andere als frisch! Frischer Fisch riecht angenehm nach Meerwasser, seine Augen sind klar und gewölbt, die Kiemen hellrot und fest anliegend, die Schuppen fest und glänzend. In der Nordsee werden vor allem Kabeljau, Schellfisch, Hering, Dorsch und Rotbarsch gefangen, seltener und teurer sind Seezunge und Steinbutt. In den skandinavischen Ländern mit ihren großen Seenlandschaften können Sie jedoch auch Süßwasserfische bekommen wie Hecht, Aal und Zander. Karpfen und Forellen werden als Fluß- oder auch Teichfische angeboten, wobei Flußfische eindeutig vorzuziehen sind. Barsche zählen zu den feinsten Flußfischen, haben aber leider sehr viele Gräten.

Das große Sommervergnügen: Grillen im Freien

Zur Ausstattung vieler größerer Ferienhäuser in Skandinavien gehört ein eingerichteter Grillplatz oder zumindest ein Ort, an dem man ein Lagerfeuer entfachen kann. Darum sollten Sie auf keinen Fall darauf verzichten, frische Fische zu grillen. Vielleicht sogar den eigenen Fang? Am besten schmeckt zartes Fischfleisch, wenn es in Alufolie gegrillt wird.
Zu gegrilltem Fisch schmecken Kartoffeln und frischer Kräuterquark.
Die Holzkohle hat die richtige Temperatur, wenn sie durchgeglüht und mit einer weißen Ascheschicht bedeckt ist.
Mariniertes oder sehr fettes Fleisch grillen Sie am besten auf Aluschalen, damit nichts in die Glut tropft. Denn dabei können sich Stichflammen bilden, die gesundheitsschädliche Stoffe entwickeln.
Gepökeltes Fleisch, wie beispielsweise Kassler Rippchen, eignen sich nicht zum Grillen, weil sich dabei Nitrosamine bilden können.

Krabbenrührei

- Für 1 Kochstelle
- Schnell

Krabben gehören zu den Krustentieren. Von ihrem festen Panzer befreien sie Krabben am besten so: Die Krabbe am Kopf festhalten, den Körper geradebiegen. Den Schwanz gegen den Kopf drehen, das Muskelfleisch mit einem Ruck herausziehen.

Für 2 Personen:

4 Eier
3 EL Milch
Salz · Pfeffer
150 g ausgelöste Krabben
1 EL Zitronensaft
2 EL Butter
1/2 Bund Schnittlauch

Zubereitungszeit: 15 Min.

Pro Portion ca.: 1510 kJ/360 kcal
30 g EW/26 g F/2 g KH

1 Die Eier mit der Milch in einem tiefen Teller verquirlen, mit Salz und Pfeffer würzen.

2 Die Krabben unter fließendem kaltem Wasser abspülen, trockentupfen, mit Zitronensaft beträufeln, in die Eiermilch geben.

3 Die Butter in einer Pfanne erhitzen und die Eier-Krabben-Milch hineingießen. Unter gelegentlichem Rühren stocken lassen.

4 Den Schnittlauch waschen, in kleine Röllchen schneiden und kurz vor dem Servieren über das Krabbenrührei streuen. Dazu schmecken dunkles, körniges Brot und ein kühles Bier.

Kartoffelsuppe mit Krabben

- Für 1 Kochstelle
- Gut zu verdoppeln

Für 4 Personen:

500 g mehligkochende Kartoffeln
1 Bund Suppengrün
2 EL Butterschmalz
1 1/2 l Gemüsebrühe
Salz · Pfeffer
125 g Crème fraîche
200 g ausgelöste Krabben
1 Bund Schnittlauch

Zubereitungszeit: 25 Min.

Pro Portion ca.: 1510 kJ/360 kcal
16 g EW/21 g F/25 g KH

1 Die Kartoffeln schälen, waschen und in Würfel schneiden. Das Suppengrün putzen und kleinschneiden. Das Butterschmalz in einem großen Topf erhitzen und das Suppengrün darin unter Rühren anbraten.

2 Die Kartoffeln dazugeben und mit der Gemüsebrühe aufgießen, 15 Min. köcheln lassen.

3 Die Kartoffeln mit einem Stampfer zerdrükken. Salzen und pfeffern und die Crème fraîche unterrühren. Zuletzt das Krabbenfleisch vorsichtig untermengen und erwärmen.

4 Den Schnittlauch waschen, in kleine Röllchen schneiden und vor dem Servieren über die Suppe streuen.

VARIANTE

Würzen Sie statt mit Schnittlauch mit Garten- oder Brunnenkresse und fügen Sie einige Eßlöffel Weißwein hinzu.

Gemüse-Frucht-Salat

- Schnell
- Gelingt leicht

Für 4 Personen:

250 g ausgelöste Krabben
2–3 EL Zitronensaft
250 g Erdbeeren
1 Stange Sellerie
1 Ogen- oder Galiamelone
1 Avocado
125 g Sahne
3 EL Crème fraîche
1 EL gehackter Dill
1 TL Tomatenmark
1 EL Weinbrand
Salz
Pfeffer

Zubereitungszeit: 25 Min.

Pro Portion ca.: 1410 kJ/340 kcal
16 g EW/21 g F/20 g KH

1 Die Krabben waschen, trockentupfen, in eine Schüssel geben und mit dem Zitronensaft beträufeln.

2 Die Erdbeeren waschen, entstielen, trockentupfen, halbieren und zu den Krabben geben. Den Sellerie putzen, waschen und in sehr feine Scheiben schneiden.

3 Die Melone entkernen und das Fruchtfleisch würfeln. Die Avocado halbieren, entsteinen, schälen und das Fruchtfleisch würfeln.

4 Den Sellerie, die Melonen- und Avocadowürfel mit den Krabben und den Erdbeeren vermengen.

5 Die Sahne halbsteif schlagen, die Crème fraîche unterrühren und den Dill, das Tomatenmark und den Weinbrand zugeben. Mit Salz und Pfeffer abschmekken. Die Sauce über die Salatzutaten geben und alles vermengen.

Krabbensalat

- Schnell
- Gelingt leicht

Für 4 Personen:

2 hartgekochte Eier
2 mittelgroße eingelegte Essiggurken
2 eingelegte Paprikaschoten
2 feste, mittelgroße Tomaten
250 g ausgelöste Krabben
2 EL Zitronensaft
1 kleine Zwiebel
1 Kästchen Gartenkresse
4 EL Schnittlauchröllchen
1–2 EL Weinessig
Salz · Pfeffer
1 Prise Zucker
2 EL Öl
2 EL gehackter Dill

Zubereitungszeit: 15 Min.

Pro Portion ca.: 720 kJ/170 kcal
20 g EW/5 g F/11 g KH

1 Die Eier pellen und würfeln. Die Essiggurken und die Paprikaschoten würfeln. Die Tomaten waschen und würfeln, die Stielansätze entfernen. Tomaten, Gurken und Paprikaschoten mit den Eiern mischen.

2 Die Krabben waschen, abtropfen lassen und mit dem Zitronensaft beträufeln. Die Zwiebel schälen und fein hacken. Die Kresse vom Beet schneiden, mit Zwiebel, Krabben und Schnittlauch unter den Gemüse-Eier-Salat mischen.

3 Essig, Salz, Pfeffer und Zucker verrühren, das Öl unterschlagen. Die Sauce über die Salatzutaten gießen. Den Salat etwas ziehen lassen und vor dem Servieren mit fein gehacktem Dill bestreuen.

Pilze in Rahm-Kräuter-Sauce

- Vegetarisch
- Für 1 Kochstelle

Für 4 Personen:

500 g frische Pilze (je nach Saison und Geschmack, z. B. Champignons, Steinpilze, Pfifferlinge)
1 EL Zitronensaft
1 kleine Zwiebel
2 EL Butter
2 TL Mehl
200 g Sahne
Salz · Pfeffer
fein gehackte Kräuter nach Belieben (z. B. Dill, Petersilie, Kerbel, Liebstöckl)
125 g Crème fraîche

Zubereitungszeit: 30 Min.

Pro Portion ca.: 1510 kJ/360 kcal
6 g EW/35 g F/6 g KH

1 Die Pilze putzen, in Scheiben schneiden oder halbieren und sofort mit dem Zitronensaft beträufeln.

2 Die Zwiebel schälen und fein würfeln. Die Butter in einer großen Pfanne erhitzen und die Zwiebel darin andünsten. Die Pilze dazugeben.

3 Nach 5 Min. die Pilze mit dem Mehl leicht bestäuben und mit der Sahne ablöschen. 3 Min. köcheln lassen.

4 Mit Salz und Pfeffer würzen und die gehackten Kräuter hinzufügen. Zuletzt die Crème fraîche unterrühren.
Dazu passen ein fruchtiger Weißwein und frisches Weißbrot.

VARIANTE

Geben Sie zu den Zwiebeln 100 g Speckwürfel und löschen Sie mit der halben Menge Sahne und der halben Menge Weißwein ab. Dadurch wird der Geschmack der Pilze etwas deftiger. Dazu passen auch Klöße, die Sie als Fertigprodukte überall kaufen können. Damit wird das Pilzgericht zur vollständigen Hauptmahlzeit.

TIP!

Dieses Gericht läßt sich in der Menge leicht vergrößern, indem Sie pro Person 125 g Pilze mehr nehmen und die Sauce mit mehr Sahne zubereiten.

Matjesauflauf mit Äpfeln

- Preiswert
- Gelingt leicht

Im Frühsommer werden überall Matjesfilets angeboten. Matjesfilets stammen von Heringen vor der Geschlechtsreife. Matjes kommen in der Ostsee und im Nordatlantik vor. Am bekanntesten ist ihre Zubereitung mit einer Apfel-Sahne-Sauce, dazu gibt es Pellkartoffeln. Aber auch warm, z. B. in diesem Auflauf, sind Matjes eine Delikatesse.

Für 4 Personen:

8 halbe Matjesfilets
500 g mehligkochende Kartoffeln
300 g säuerliche Äpfel
2 EL Zitronensaft
2 Zwiebeln
30 g Butter
200 g Sahne
200 g Crème fraîche
Pfeffer

Vorbereitungszeit: 15 Min.
Backzeit: 45–50 Min.

Pro Portion ca.: 3100 kJ/740 kcal
18 g EW/61 g F/32 g KH

1 Die Matjes gut wässern und fein würfeln. Die Kartoffeln und die Äpfel schälen und so fein wie möglich in Scheiben schneiden. Die Äpfel mit dem Zitronensaft beträufeln.

2 Die Zwiebeln schälen, fein hacken und mit den Matjesstückchen mischen. Den Backofen auf 180° vorheizen.

3 Eine feuerfeste Form mit etwas von der Butter ausfetten und den Boden mit Kartoffelscheiben belegen. Darauf eine Lage Äpfel legen. Abschließend die Matjes-Zwiebel-Masse daraufgeben. Das ganze wiederholen, bis alles aufgebraucht ist. Die oberste Lage sollten Kartoffeln sein.

4 Die Sahne und die Crème fraîche mischen, leicht pfeffern. Den Auflauf damit übergießen und die restliche Butter in kleinen Flöckchen darauf setzen. Den Auflauf im Backofen (Mitte, Umluft 160°) 45–50 Min. backen.

VARIANTE

Ersetzen Sie die Apfelstücke durch Spitzkohl. Diesen in Salzwasser blanchieren und dann in Streifen schneiden.

Im Bild oben: Pilze in Rahm-Kräuter-Sauce
Im Bild unten: Matjesauflauf mit Äpfeln

Gefüllte Gemüsezwiebeln

- Preiswert
- Gelingt leicht

Für 4 Personen:

4 große, milde Gemüsezwiebeln
125 g Champignons
60 g Butter
250 g Schweinehackfleisch
Salz · Pfeffer
2 EL Sahne
4 EL fein gehackte Petersilie
1/8 l Fleischbrühe (Instant)
3 EL Semmelbrösel

Vorbereitungszeit: 30 Min.
Garzeit: 30 Min.

Pro Portion ca.: 1080 kJ/260 kcal
17 g EW/15 g F/14 g KH

1 Die Zwiebeln vorsichtig schälen und in leicht gesalzenem Wasser 15 Min. kochen. Gut abtropfen lassen. Das obere Achtel der Zwiebeln mit einem Messer abschneiden. Das Innere der Zwiebeln mit einem kleinen Löffel aushöhlen.

2 Die Hälfte dieser Zwiebelmasse, falls nötig, etwas zerkleinern. Die Champignons putzen und in Scheiben schneiden. Ein Drittel der Butter schmelzen. Die zerkleinerte Zwiebelmasse darin glasig dünsten. Die Champignons zu den Zwiebeln geben.

3 Das Schweinehack hinzufügen, alles kräfig anbraten und mit Salz und Pfeffer würzen. Die Sahne und die fein gehackte Petersilie unterrühren.

4 Diese Masse in die Zwiebeln füllen. In einer Reine oder einem größeren Topf etwas Butter zerlassen. Die Zwiebeln hineinsetzen, mit der Fleischbrühe übergießen. Bei mittlerer Hitze zugedeckt 30 Min. schmoren lassen.

5 Die übrige Butter zerlassen. Die Semmelbrösel darin schwenken. Die Mischung über die Zwiebeln geben.
Dazu passen Kartoffelpüree oder Salzkartoffeln.

VARIANTE

Verwenden Sie statt der Gemüsezwiebeln Schmorgurken. Diese müssen nicht vorgekocht werden und können mit frischen Kräutern wie Dill oder Kerbel großzügig gewürzt werden.

Schwedische Hackfleischbällchen

- Preiswert
- Schmeckt Kindern

Für 4 Personen:

Für die Hackfleischbällchen:
1 mittelgroße Zwiebel
7 EL Semmelbrösel (oder fein geriebenes Weißbrot vom Vortag)
4 EL Sahne
1 Ei
500 g gemischtes Hackfleisch
2 EL gehackte Petersilie
1 EL Schnittlauchröllchen
Salz · Pfeffer
3 EL Butterschmalz
Für die Sauce:
1 kleine Zwiebel
1 1/2 EL Butter
3 EL Mehl
1/4 l Fleischbrühe
200 g Sahne
Salz · Pfeffer
50 g Preiselbeeren (aus dem Glas)

Zubereitungszeit: 35 Min.

Pro Portion ca.: 2880 kJ/690 kcal 33 g EW/54 g F/19 g KH

1 Die Zwiebel schälen und fein hacken. Die Semmelbrösel in der Sahne einweichen. Alles zusammen mit dem Ei zum Hackfleisch geben.

2 Das Hackfleisch mit den Kräutern, Salz und Pfeffer würzen und alles gut vermengen. Mit den Händen kleine Bällchen formen.

3 Das Butterschmalz in einer Pfanne erhitzen. Die Fleischbällchen darin von allen Seiten goldbraun braten.

4 Für die Sauce die Zwiebel schälen und fein hacken. Die Butter in einem kleinen Topf erhitzen, die Zwiebel darin glasig dünsten, mit dem Mehl bestäuben und anschließend unter Rühren mit der Brühe ablöschen. Die Sahne hinzufügen und alles 15 Min. leise köcheln lassen. Mit Salz und Pfeffer abschmecken. Die Preiselbeeren in die Sauce einrühren. Nicht mehr kochen lassen!

5 Die Hackfleischbällchen in der warmen Sauce anrichten.
Dazu passen Salzkartoffeln und ein frischer Gurkensalat.

VARIANTE

Herzhafter schmecken die Hackfleischbällchen, wenn Sie gut gewässerte, fein geschnittene Sardellen hinzufügen und einige klein gewürfelte Essiggurken. Dann sollten Sie aber auf die Preiselbeeren verzichten.

Fischrahmsuppe

- Für 1 Kochstelle
- Gut zu verdoppeln

Für 4 Personen:

1 Zwiebel
1 Knoblauchzehe
60 g Butter
1 EL Tomatenmark
500 g weißfleischige Fischfilets (z. B. Rotbarsch, Kabeljau)
1/8 l Weißwein
3/8 l Hühnerbrühe (Instant)
Salz · Pfeffer
1 EL Mehl
150 g Crème fraîche
1 EL gehackter Dill

Zubereitungszeit: 20 Min.

Pro Portion ca.: 2590 kJ/620 kcal 33 g EW/40 g F/27 g KH

1 Die Zwiebel und die Knoblauchzehe schälen und fein hacken. In einem Topf die Hälfte der Butter erhitzen. Zwiebel und Knoblauch darin glasig dünsten. Das Tomatenmark unterrühren.

2 Den Fisch waschen, trockentupfen und in mundgerechte Stücke schneiden. Den Fisch zu Zwiebel und Knoblauch geben und andünsten. Mit dem Weißwein und der Brühe ablöschen und 5 Min. köcheln lassen. Mit Salz und Pfeffer abschmecken.

3 Die Suppe in ein Sieb abgießen, die Brühe auffangen, die Fischstücke beiseite legen.

4 Die restliche Butter in einem Topf schmelzen lassen, das Mehl darüber streuen und hellgelb anschwitzen. Die Brühe unter Rühren angießen und 10 Min. kochen lassen. Mit Salz und Pfeffer abschmecken. Die Crème fraîche unterrühren und die Fischstücke wieder in die Suppe geben. Zuletzt mit dem gehackten Dill bestreuen.

VARIANTE

Einen besonders feinen, intensiven Geschmack bekommt die Suppe, wenn Sie die Hühnerbrühe durch Fischfond aus dem Glas ersetzen. Einen satten Farbton erhält die Fischsuppe, wenn Sie Krebsbutter einrühren.

Gurken-Fisch-Ragout

- Schnell
- Für 1 Kochstelle

Für 4 Personen:

500 g Rotbarschfilet (oder ähnlich festkochender Fisch, wie z. B. Kabeljau, Schellfisch)
Saft von 1 Zitrone
Salz · Pfeffer
1 große Salatgurke
400 g Sahne
1 großes Bund Dill

Zubereitungszeit: 25 Min.

Pro Portion ca.: 1920 kJ/460 kcal 26 g EW/36 g F/7 g KH

1 Das Rotbarschfilet waschen, trockentupfen und mit Zitronensaft, Salz und Pfeffer würzen.

2 Die Salatgurke schälen, längs halbieren und die Kerne mit einem kleinen Löffel entfernen. Die Gurkenhälften in Scheiben schneiden.

3 In einem großen Topf die Sahne zum Kochen bringen, mit Salz und Pfeffer würzen. Den Rotbarsch in große Stükke teilen, hineinlegen und bei schwacher Hitze 4 Min. gar ziehen lassen. Dann den Fisch herausnehmen und warm halten.

4 Den Dill waschen, die Spitzen fein hacken. Die Sahne nochmals aufkochen lassen, Gurkenscheiben und Dill (bis auf einen kleinen Rest) hinzufügen und 1 Min. darin erhitzen.

5 Die Dill-Gurken-Sauce über den Fisch gießen und mit dem restlichen Dill bestreuen.
Dazu passen Reis, aber auch Kartoffeln oder frisches Brot.

TIP!

Wer die Fischsauce etwas dicker mag, rührt hellen Saucenbinder in die Sahne. Oder Sie setzen in einem kleinen Topf eine klassische Mehlschwitze an: Dafür 30 g Butter zum Schmelzen bringen, mit 2–3 EL Mehl bestäuben und mit einem Schneebesen kräftig verrühren. Langsam die Sahne dazugießen. Die Sauce dann 10–15 Min. köcheln lassen, damit sich der Mehlgeschmack verliert.

Im Bild oben: Gurken-Fisch-Ragout
Im Bild unten: Fischrahmsuppe

Buttermilch-mousse

- Preiswert
- Vegetarisch

Für 4 Personen:

4 Blatt weiße Gelatine
400 ml Buttermilch
100 g Honig
Saft von 1 Zitrone
3 EL fein gehackte Zitronenmelisseblättchen
200 g Sahne
400 g Himbeeren
2 EL Puderzucker
2 EL ungesalzene Pistazienkerne zum Bestreuen

Zubereitungszeit: 25 Min.
Gelierzeit: 5–6 Std.

Pro Portion ca.: 1350 kJ/320 kcal
6 g EW/17 g F/41 g KH

1 Die Gelatine in kaltem Wasser einweichen. Die Buttermilch mit dem Honig und Zitronensaft in einem Topf unter Rühren leicht erhitzen, bis der Honig geschmolzen ist.

2 Die Gelatine gut ausdrücken und in der warmen Buttermilch auflösen. Die Buttermilch erkalten lassen, bis sie anfängt zu gelieren.

3 Die Zitronenmelisseblättchen unterrühren. Die Sahne steif schlagen und ebenfalls in die Buttermilchmasse einrühren. Die Mousse kalt stellen, bis sie schnittfest ist, das dauert 5–6 Std.

4 Die Himbeeren verlesen, mit Puderzucker bestäuben und kurz ziehen lassen.

5 Mit zwei Löffeln aus der festen Buttermilchmousse kleine Nocken ausstechen und auf Tellern anrichten. Die Himbeeren daneben anrichten, die Pistazienkerne hacken und darüber streuen.

Rhabarber-grütze

- Preiswert
- Gut zu verdoppeln

Für 4 Personen:

500 g Rhabarber
150 g Zucker
1 Vanilleschote
2 EL Speisestärke
250 g Erdbeeren
200 g Sahne

Zubereitungszeit: 35 Min.

Pro Portion ca.: 1090 kJ/260 kcal
5 g EW/7 g F/45 g KH

1 Den Rhabarber waschen, schälen und in 2–3 cm große Stücke schneiden.

2 In einem Topf 1/4 l Wasser mit dem Zucker zum Kochen bringen. Die Vanilleschote der Länge nach aufschneiden und das Vanillemark mit einem Messer sorgfältig herauskratzen. Das Vanillemark und den Rhabarber in den Topf geben und alles 15 Min. kochen lassen.

3 Die Speisestärke mit wenig Wasser anrühren und zum Rhabarber geben. Kurz aufkochen, dann erkalten lassen.

4 Die Erdbeeren abbrausen, putzen, vierteln und zum Rhabarber geben.

5 Die Sahne steif schlagen und getrennt dazu reichen oder je einen Klecks auf jede Portion geben.

Grießcreme mit Beeren

- Preiswert
- Schmeckt Kindern

Für 4 Personen:

Für die Grießcreme:
2 Eier
150 g Crème fraîche
500 ml Milch
1 Vanilleschote
100 g Zucker
70 g Grieß
Für die Beeren:
250 g Heidelbeeren
3 EL Puderzucker
2 EL Sahne

Zubereitungszeit: 25 Min.
Kühlzeit: 1 Std.

Pro Portion ca.: 2295 kJ/550 kcal
8 g EW/21 g F/55 g KH

1 Die Eier trennen und die Eigelbe mit 1 EL Crème fraîche verquirlen. Restliche Crème fraîche mit der Milch in einen Topf geben.

2 Die Vanilleschote der Länge nach aufschneiden und das Vanillemark mit einem Messer sorgfältig herauskratzen. Das Mark zusammen mit dem Zucker in die Milch geben und alles erhitzen.

3 Unter Rühren den Grieß einstreuen, den Topf vom Herd ziehen und den Grieß langsam ausquellen lassen. Die verquirlten Eigelbe unterrühren. Die Eiweiße steif schlagen und unter die Grießcreme heben. Die fertige Creme in Schälchen füllen und kalt stellen.

4 Die Heidelbeeren waschen, abtropfen lassen und verlesen. Mit dem Zucker bestreuen und die Sahne vorsichtig unterrühren. Auf der Grießcreme verteilen.

Gratinierte Aprikosen

- Preiswert
- Gelingt leicht

Für 4 Personen:

500 g reife Aprikosen
4 EL Zucker
2 EL Aprikosengeist (ersatzweise Orangensaft)
2 EL Butter
2 EL Mandelblättchen
200 g Sahne
1 Packung Vanilleeis

Zubereitungszeit: 25 Min.

Pro Portion ca.: 2050 kJ/490 kcal
6 g EW/30 g F/46 g KH

1 Die Aprikosen mit kochendem Wasser überbrühen, enthäuten und halbieren. Mit 2 EL Zucker und Aprikosengeist marinieren. 10 Min. ziehen lassen. Den Grill einschalten oder den Backofen auf 250° vorheizen.

2 Eine feuerfeste Form mit etwas Butter ausfetten, die Aprikosenhälften nebeneinander hineinsetzen. Aus der restlichen Butter Flöckchen in die Hälften setzen. Mit Zucker bestreuen und Mandelblättchen darüber verteilen.

3 Unter dem Grill 7 Min. bräunen. Unterdessen die Sahne steif schlagen. Die gratinierten Aprikosen noch heiß mit Sahne und Vanilleeis servieren.

TIP!

Die Aprikosen können auch in einer Pfanne zubereitet werden: Die Mandelblättchen in einer Pfanne ohne Fett goldbraun rösten, zur Seite stellen. Die Butter erhitzen, die Aprikosen darin schwenken.

Schmankerl zwischen Schnee und Eis

Etwas Warmes braucht der Mensch – gerade dann, wenn ein kalter, aber wunderschöner Ferientag im Schnee zu Ende geht. Das ungemütliche Gefühl von Eis, Wind, Nässe und Kälte soll schnell aus dem Körper vertrieben, neue Kräfte für den nächsten Wintertag müssen gesammelt werden.

Ein Essen für viele

Wenn das Wetter schön ist, und man den ganzen Tag auf der Piste verbringt, mag man anschließend nicht mehr lange in der Küche stehen. Da sind unkomplizierte Gerichte gefragt, die satt machen und schnell zubereitet sind.

Suppen und Eintöpfe sind hier ideal, denn sie lassen sich auch prima vorbereiten und schnell »verlängern«, wenn spontan Gäste kommen. Außerdem enthält ein Eintopf neben sättigenden Zutaten auch jede Menge gesundes Gemüse, ein wichtiger Vitaminlieferant in der kalten Jahreszeit, vorausgesetzt es wird nicht »totgekocht«.

Wenn man sich nach einem Tag in Sonne und Schnee wieder trifft, freut man sich über eine warme Mahlzeit.

Die Wintergemüse

Winter ist Hochsaison für Wurzel- und Knollengemüse (Sellerie, Möhren, Rote Bete, Meerrettich). Dazu zählen auch die Schwarzwurzeln, die auch unter dem Namen Winterspargel bekannt sind.
Schwarzwurzeln müssen vor dem Kochen gewaschen, die schwarze Schale muß sauber abgeschabt werden. Um ein Verfärben der weißen Wurzeln zu verhindern, legt man sie anschließend sofort in Zitronen- oder Essigwasser. Die Stangen werden in fingerlange Stücke geschnitten und in Salzwasser 30 Min. gekocht.
Gut passen dazu eine Käsecreme oder heiße Butter und geriebener Parmesankäse.
In den Wintermonaten werden in den Supermärkten neben den Wurzelgemüsen vor allem Kohlgemüse (Rosenkohl, Weiß- und Rotkohl, Wirsing und Chinakohl) angeboten. Alle Kohlsorten haben einen hohen Gehalt an Vitamin C, der sich – im Gegensatz zu anderen Gemüsen – beim Kochen erhöht.

Vorräte für die Skihütte

Inwieweit Sie in Ihrer winterlichen Ferienunterkunft Gemüse selbst zubereiten oder auf bereits Küchenfertiges in Dosen oder Tiefgekühltes zurückgreifen, wird sich nicht zuletzt spätestens angesichts der jeweiligen Küchenausstattung oder den Einkaufsmöglichkeiten vor Ort entscheiden.
Aufgrund ihres hohen Gehalts an Stärke und Eiweiß können Gerichte aus Hülsenfrüchten leicht eine Fleischmahlzeit ersetzen. Kaufen Sie Linsen, Erbsen und Bohnen getrocknet, so empfiehlt es sich, die Hülsenfrüchte über Nacht in kaltem Wasser ohne Salz einzuweichen. Einfacher und schneller geht es natürlich, wenn Sie auf Konserven zurückgreifen. Alle Hülsenfrüchte passen gut zu kräftigem Speck und können mit aromatischen Kräutern wie Lorbeer und Muskat fein abgeschmeckt werden.
Wollen Sie nicht gerade mit einem Kofferraum voller Lebensmittel starten, so bietet sich ein gut geplanter Einkauf am ersten Ferientag vor Ort an. Neben den üblichen Gebrauchsartikeln wie Küchenpapier, Alu- und Frischhaltefolien, Servietten, Getränken, Kaffee und Tee, können Sie sich mit Nudeln, Kartoffeln, Reis, Gemüse und eventuell Obst eindecken. Vielleicht können Sie sich schon vor Beginn der Reise einen ungefähren Speiseplan überlegen und gezielt danach einkaufen, damit Sie ihre wertvolle Ferienzeit nicht im Supermarkt vergeuden müssen.

Vergessen Sie nicht, einen Vorrat an hilfreichen Utensilien mit in den Urlaub zu nehmen.

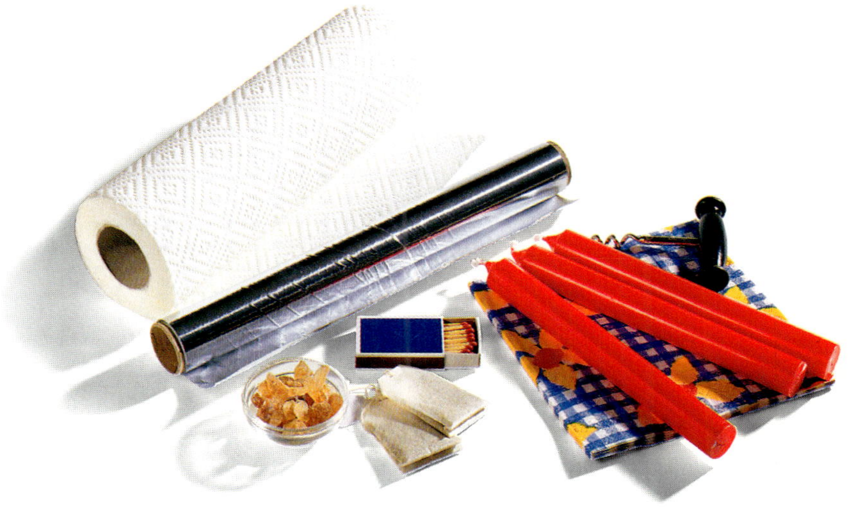

Bauernfrühstück

- Für 1 Kochstelle
- Preiswert

Diese Art von Kartoffelpfanne ist in vielen Ländern bekannt und beliebt, denn so lassen sich Reste auf raffinierte Weise verwerten.

Für 4 Personen:

750 g festkochende Kartoffeln
4 kleine Zwiebeln
200 g Schinkenspeck
3 EL Öl
Salz · Pfeffer
5 Eier
3 EL Milch
Paprika, edelsüß
1 Prise Muskatnuß
2 Gewürzgurken
1 Bund Schnittlauch

Zubereitungszeit: 45 Min.

Pro Portion ca.: 2500 kJ/600 kcal
28 g EW/39 g F/30 g KH

1 Die Kartoffeln abbürsten und mit der Schale in einen Topf geben. Etwa 3 cm hoch Wasser angießen. Die Kartoffeln in 25–30 Min. weich kochen. Dann abgießen, heiß pellen und erkalten lassen. Anschließend in Scheiben schneiden.

2 Die Zwiebeln schälen und würfeln. Den Schinkenspeck ebenfalls würfeln. Das Öl in einer Pfanne erhitzen. Speck und Zwiebeln darin braten, bis die Zwiebeln glasig sind. Die Kartoffeln hinzufügen und braun anbraten, mit Salz und Pfeffer würzen.

3 Eier, Milch und Gewürze verquirlen, mit Salz und Pfeffer abschmecken und über die Kartoffeln gießen. Stocken lassen.

4 Die Gewürzgurken in feine Streifen schneiden. Den Schnittlauch waschen und in Röllchen schneiden. Zusammen mit den Gurken über das fertige Gericht streuen.

VARIANTE

Statt Schinkenspeck können Sie gebratene und gekochte Fleischstücke vom Vortag nehmen. Genauso wie die Kartoffeln, die bei der letzten Mahlzeit übrig geblieben sind. Als Salat passen rote Beten hervorragend dazu.

Bohnen-Schinken-Salat

- Schnell
- Aus dem Vorrat

Für 4 Personen:

200 g geräucherter Schinken
2 säuerliche Äpfel (z. B. Jonagold)
200 g Ziegenkäse
1/2 Gemüsezwiebel
1 Dose rote Bohnen (400 g)
4 EL Weinessig
2 TL Senf
Salz · Pfeffer
8 EL Öl
1 Bund glatte Petersilie

Zubereitungszeit: 15 Min.

Pro Portion ca.: 2500 kJ/600 kcal
23 g EW/48 g F/22 g KH

1 Den Schinken in kleine Würfel schneiden. Die Äpfel schälen, vierteln und das Kerngehäuse entfernen. Die Apfelviertel in kleine Stücke schneiden.

2 Den Ziegenkäse zerbröckeln. Die Zwiebel schälen und in feine Ringe schneiden.

3 Die Bohnen gut abtropfen lassen und mit dem Schinken, den Äpfeln, dem Ziegenkäse und der Zwiebel in einer Schüssel vorsichtig vermengen.

4 Essig, Senf, Salz und Pfeffer verrühren, das Öl kräftig unterschlagen. Die Petersilie waschen. Die Blättchen fein hacken und unterrühren. Die Sauce über den Salat gießen, alles locker vermengen und kurz ziehen lassen.

VARIANTE

Kinder essen meist nicht gerne so würzig. Ersetzen Sie den geräucherten Schinken durch kleingeschnittene Wiener Würstchen und die roten Bohnen eventuell durch eine Mischung aus weißen und grünen Bohnen.

Im Bild oben: Bohnen-Schinken-Salat
Im Bild unten: Bauernfrühstück

Sauerkrautsuppe

- Für 1 Kochstelle
- Aus dem Vorrat

Für 4 Personen:

250 g durchwachsener Räucherspeck
150 g rote Zwiebeln
2 Knoblauchzehen
3 EL Butterschmalz
500 g Sauerkraut
3/4 l Fleischbrühe (Instant)
200 g Sahne
1 TL Kümmel
1 TL Zucker
2 TL Paprikapulver
300 g Kassler
1 rote Paprikaschote

Zubereitungszeit: 50 Min.

Pro Portion ca.: 3360 kJ/800 kcal
39 g EW/67 g F/11 g KH

1 Den Speck von der Schwarte befreien und in Würfel schneiden. Die Zwiebeln und die Knoblauchzehen schälen und in feine Scheiben schneiden. Das Butterschmalz in einem großen Topf erhitzen, den Speck darin ausbraten. Zwiebeln und Knoblauch hinzufügen und glasig dünsten.

2 Das Sauerkraut locker zupfen und hinzufügen. Die Fleischbrühe angießen. Die Sahne, den Kümmel, den Zucker und das Paprikapulver hinzufügen und alles 25 Min. kochen lassen.

3 Das Kassler würfeln, in den Topf geben und 10 Min. mitgaren.

4 Die Paprikaschote halbieren, putzen, waschen und fein würfeln. Kurz vor dem Servieren die Paprikawürfel über die Suppe streuen. Dazu passen kräftige Brötchen (z. B. Roggensemmeln) oder Sonnenblumenbrot.

Rote-Bete-Suppe

- Für 1 Kochstelle
- Gut zu verdoppeln

Für 4 Personen:

1 Zwiebel
250 g mehligkochende Kartoffeln
375 g rote Beten
1 EL Öl
1 l Fleischbrühe (Instant)
1 EL gerebelter Majoran
1 Lorbeerblatt
2 EL Essig
Salz · Pfeffer
3 EL Crème fraîche
einige Basilikumblättchen

Vorbereitungszeit: 15 Min.
Garzeit: 20 Min.

Pro Portion ca.: 670 kJ/160 kcal
4 g EW/7 g F/21 g KH

1 Die Zwiebel schälen und fein hacken. Die Kartoffeln schälen und fein würfeln. Die roten Beten schälen und würfeln.

2 Das Öl in einem Topf erhitzen, die Zwiebel darin glasig dünsten. Kartoffeln und rote Beten hinzufügen, die Fleischbrühe angießen.

3 Die Suppe mit Majoran und Lorbeerblatt würzen und zum Kochen bringen, 20 Min. leise köcheln lassen. Das Lorbeerblatt herausnehmen und die Suppe mit dem Pürierstab sämig aufschlagen. Mit Essig, Salz und Pfeffer abschmecken.

4 Kurz vor dem Servieren die Crème fraîche auf die Suppe geben, mit den Basilikumblättchen garnieren.

VARIANTE

Russischer Borschtsch
125 g Schweinefleisch, 125 g Rindfleisch und 250 g Weißkohl in Streifen schneiden und mit Zwiebeln, Kartoffeln und roten Beten anbraten. Die Suppe 45 Min. garen, bis das Fleisch weich ist. Dann zusätzlich mit Zitronensaft abschmecken.

TIPS!

Tragen Sie zum Schälen und Schneiden der roten Beten am besten Handschuhe, denn sie bluten stark aus.
Verfügen Sie über keinen Pürierstab, so können Sie die Kartoffeln und die roten Beten vor dem Kochen auf einer Reibe fein raspeln. Dann verringert sich jedoch die Kochzeit.

Hähnchen in Burgunder

- Für 1 Kochstelle
- Gelingt leicht

Coq au vin ist ein traditionelles Gericht aus der Provence.

Für 4 Personen:

1 Hähnchen (ca. 1300 g)
Salz · Pfeffer
250 g Schalotten
250 g junge Möhren
250 g kleine Champignons
5 EL Öl
etwas Mehl
Zucker
1/4 l roter Burgunder
1 Zweig Thymian
1 Lorbeerblatt
1 Bund Petersilie

Zubereitungszeit: 50 Min.

Pro Portion ca.: 2250 kJ/540 kcal
44 g EW/30 g F/15 g KH

1 Hähnchen in Stücke teilen, kalt abspülen, trockentupfen und mit Salz und Pfeffer einreiben.

2 Die Schalotten und die Möhren schälen. Die Champignons putzen. Möhren und Pilze in Scheiben schneiden.

3 In einem großen Topf 3 EL Öl erhitzen. Die Hähnchenteile darin bei starker Hitze braun anbraten. Mit Mehl bestäuben und herausnehmen.

4 Das restliche Öl im Topf erhitzen, die Schalotten, Möhren und Champignons hinzufügen und 2 Min. bei starker Hitze unter ständigem Rühren solange dünsten, bis das Gemüse leicht gebräunt ist. Mit Zucker, Salz und Pfeffer würzen und die Hähnchenteile wieder hinzufügen.

5 Den Rotwein angießen, Thymian und Lorbeerblatt dazugeben und alles 30 Min. leise schmoren lassen. Die Petersilie waschen, die Blättchen fein hacken. Das Hähnchen vor dem Servieren damit bestreuen.

VARIANTEN

Coq au vin wird häufig auch in Weißwein gegart. Geben Sie dann noch einige Eßlöffel gemischte Kräuter, wie Rosmarin und Salbei sowie schwarze Oliven (ca. 150 g) dazu.
Statt eines ganzen Hähnchens können sie auch Geflügelteile kaufen, wie Brust, Ober- oder Unterkeulen. Das ist praktisch, weil kein Abfall (Innereien) bleibt.

Krabbenquiche

- Preiswert
- Gelingt leicht

Für 4 Personen:

Für den Teigboden:
300 g Mehl
150 g kalte Butter
1 TL Salz
1 Ei
Für den Belag:
300 g ausgelöste Krabben
1/8 l Milch
1 Bund Frühlingszwiebeln
1 Gemüsezwiebel
50 g Butter
1/8 l Weißwein
Salz · Pfeffer
1/2 Bund Basilikum
Für den Guß:
3 Eier
300 g Sahne
2 TL abgeriebene Schale von einer unbehandelten Zitrone
Außerdem:
Butter für die Form
Mehl zum Ausrollen

Zubereitungszeit: 40 Min.
Backzeit: 30 Min.

Pro Portion ca.:
4670 kJ/1120 kcal
34 g EW/77 g F/63 g KH

1 Das Mehl auf eine Arbeitsfläche sieben, die Butter in Flöckchen darauf verteilen, das Salz hinzufügen. In die Mitte eine Vertiefung drücken, das Ei zusammen mit 2 EL kaltem Wasser hineingeben. Mit kalten Händen alles möglichst rasch zu einem glatten Teig verkneten. 30 Min. kalt stellen.

2 Inzwischen die Krabben in der Milch einlegen.

3 Die Frühlingszwiebeln putzen, waschen und in dünne Ringe schneiden. Die Zwiebel schälen und fein hacken.

4 Die Butter erhitzen. Frühlingszwiebeln und Zwiebel darin glasig dünsten. Den Weißwein angießen und einkochen lassen.

5 Die Krabben aus der Milch nehmen, abtropfen lassen und zu den Zwiebeln geben. Mit Salz und Pfeffer kräftig würzen. Das Basilikum waschen, die Blättchen in Streifen schneiden und dazugeben.

6 Eine Form einfetten. Den Backofen auf 225° vorheizen. Den Teig auf wenig Mehl ausrollen und in die Form legen. Die Krabben-Zwiebel-Masse auf dem Teig verteilen.

7 Für den Guß die Eier mit der Sahne verquirlen, mit der Zitronenschale würzen und über den Belag gießen.

8 Die Quiche im Backofen (unten, Umluft 200°) 30 Min. backen.

VARIANTEN

Wer es lieber herzhaft mag, kann die Krabben durch 150 g Sardellen ersetzen. Diese sollten aber vor ihrer Verwendung gut gewässert werden.
Auch Thunfischstücke (aus der Dose oder dem Glas) schmecken gut.

TIP!

Wer keine Zeit hat, den Teig selbst herzustellen, kann auf fertigen Mürbeteig aus dem Kühlregal oder eine schnelle Backmischung zurückgreifen.

Im Bild oben: Krabbenquiche
Im Bild unten: Hähnchen in Burgunder

Ungarisches Selleriefleisch

- Für 1 Kochstelle
- Preiswert

Für 4 Personen:

600 g Knollensellerie
400 g mageres Rindfleisch
etwas Mehl
400 g große Zwiebeln
80 g Butterschmalz
4 EL Paprikapulver, edelsüß
1 EL Butter
200 ml Tomatenmark
3 EL Zucker
Salz · Pfeffer
1 Msp. Cayennepfeffer

Zubereitungszeit: 50 Min.

Pro Portion ca.: 2370 kJ/570 kcal
28 g EW/38 g F/39 g KH

1 Den Sellerie schälen, halbieren und in Scheiben schneiden. Das Rindfleisch würfeln, leicht mit Mehl bestäuben. Die Zwiebeln schälen und achteln.

2 Das Butterschmalz in einem großen Topf erhitzen. Das Fleisch darin anbraten. Die Zwiebeln hinzufügen. Unter Rühren alles 2 Min. anbraten. Mit dem Paprikapulver bestäuben.

3 Das Fleisch und die Zwiebeln im Topf leicht zur Seite schieben und auf die freie Stelle die Butter geben. Das Tomatenmark dort einrühren. Mit Zucker bestreuen und sobald das Tomatenmark karamelisiert, mit dem Fleisch und den Zwiebeln vermengen.

4 Die Selleriestücke hinzufügen und soviel Wasser angießen, bis alles gut bedeckt ist. Mit Salz, Pfeffer und Cayennepfeffer würzen und kurz aufkochen lassen.

5 Bei schwacher Hitze so lange weiterkochen lassen, bis Fleisch- und Selleriestücke gar sind, das dauert etwa 30 Min. Dazu passen grüner Salat und Bandnudeln.

TIP!

Wenn's einmal sehr schnell gehen soll, kaufen Sie die Selleriescheiben schon gebrauchsfertig im Glas. Den Sellerie abtropfen lassen und kurz vor Ende der Garzeit unterheben.

Schweinefilet in Kräutercreme

- Schnell
- Für 1 Kochstelle

Für 4 Personen:

600 g Schweinefilet
2 EL Butterschmalz
Salz · Pfeffer
100 g Fleischtomaten
1/2 Bund Basilikum
1/2 Bund Petersilie
200 g Kräuterfrischkäse
2 EL Crème fraîche

Zubereitungszeit: 25 Min.

Pro Portion ca.: 1340 kJ/320 kcal
39 g EW/17 g F/3 g KH

1 Das Filet in gleichgroße Scheiben schneiden und mit einem Fleischklopfer etwas flach drücken.

2 In einer Pfanne das Butterschmalz erhitzen und die Filets darin von beiden Seiten je 2 Min. stark anbraten. Dann mit Salz und Pfeffer würzen.

3 Die Tomaten waschen und in Scheiben schneiden, dabei die Stielansätze entfernen. Basilikum und Petersilie waschen. Einige Basilikumblättchen zum Garnieren beiseite legen. Die restlichen Kräuterblättchen fein hacken. Aus dem Frischkäse, der Crème fraîche und der Hälfte der Kräuter eine dickliche Creme rühren.

4 Die Filets nebeneinander in eine große Pfanne (mit passendem Deckel) setzen, mit den Tomatenscheiben belegen und die Kräutercreme gleichmäßig darauf verteilen.

5 Die Pfanne mit dem Deckel verschließen und das Fleisch bei mittlerer Hitze mit der Kräutercreme 5–6 Min. garen. Dazu passen Bratkartoffeln mit viel frischem Schnittlauch.

VARIANTE

Kaufen Sie tiefgefrorene Kartoffelpuffer und braten Sie diese in heißem Fett in einer Pfanne von beiden Seiten goldgelb. Die Filetstücke auf den Kartoffelpuffern anrichten.

Gefüllte Bratäpfel

- Preiswert
- Gut zu verdoppeln

Für 4 Personen:

4 mittelgroße, mürbe, rote Äpfel (z. B. Boskop)
4 EL Zucker
4 EL Mandelstifte
4 EL Rosinen
1 TL Zimt
2 EL Butter
1 EL Rum (ersatzweise 1 EL Zitronensaft)
1/2 l Milch
1 Päckchen Vanillesaucenpulver (zum Kochen)
Butter für die Form

Zubereitungszeit: 25 Min.

Pro Portion ca.: 1760 kJ/420 kcal
4 g EW/13 g F/49 g KH

1 Die Äpfel waschen und das Kerngehäuse vorsichtig herausschneiden oder mit einem Kernhausausstecher ausstechen. Den Backofen auf 180° vorheizen.

2 3 EL Zucker mit den Mandeln, den Rosinen und dem Zimt mischen.

3 Eine Auflaufform mit Butter ausfetten, die Äpfel dicht an dicht hineinsetzen und mit der Mandel-Rosinen-Mischung füllen. Die Äpfel mit Rum (oder mit Zironensaft) beträufeln und die Butter in Flöckchen darauf verteilen.

4 Im Backofen (Mitte, Umluft 160°) 5 Min. backen.

5 Inzwischen aus der Milch, dem restlichen Zucker und dem Saucenpulver nach Packungsanweisung eine Vanillesauce herstellen. Die Sauce über die Äpfel gießen und alles 10 Min. weiterbacken.

VARIANTE

Essen keine Kinder mit, können Sie die Äpfel vor dem Servieren am Tisch mit 4 cl Calvados flambieren. Dann wird die Vanillesauce extra gereicht, und die Gesamtbackzeit der Äpfel beträgt 15 Min.

Rösti mit Birnenspalten

- Vegetarisch
- Für 1 Kochstelle

Rösti ist ein knusprig-goldener Kartoffelkuchen aus der Schweiz.

Für 2 Personen:

2 mittelgroße Birnen
Saft von 1/2 Zitrone
2 EL Zucker
1/2 Zimtstange
500 g Kartoffeln
Salz
2 EL Butter

Zubereitungszeit: 30 Min.

Pro Portion ca.: 1600 kJ/385 kcal
6 g EW/13 g F/65 g KH

1 Die Birnen schälen und die Kerngehäuse entfernen. Die Birnen in Spalten schneiden.

2 Die Birnenspalten in einem Topf mit 1/2 l Wasser, dem Zitronensaft, 1 EL Zucker und der Zimtstange kurz aufkochen lassen. Den Topf von der Kochstelle ziehen, die Birnenspalten in dem Sud auskühlen lassen, die Zimtstange herausnehmen.

3 Die Kartoffeln schälen, raspeln und leicht salzen. Die Butter in einer Pfanne erhitzen. Die Kartoffelraspel in die Pfanne geben und fest auf den Pfannenboden drücken. Zugedeckt bei schwacher Hitze 10 Min. garen, bis die Unterseite des Kartoffelkuchens gebräunt ist.

4 Die Rösti mit Hilfe eines Tellers wenden und wieder in die Pfanne gleiten lassen. Nun die Unterseite 5 Min. backen, bis die Rösti von beiden Seiten goldbraun ist.

5 Die Kartoffelrösti mit dem übrigen Zucker bestreuen und in Stücke schneiden. Mit den Birnenspalten anrichten.

TIPS!

Dazu schmeckt eine feine Quarkcreme: Dafür 250 g Magerquark, 200 g Sahne und 3 EL Honig verrühren.
Sie können die Rösti auch in kleinen Portionsgrößen backen, wie Kartoffelpuffer.

Im Bild oben: Gefüllte Bratäpfel
Im Bild unten: Rösti mit Birnenspalten

Crêpes mit Himbeer-creme

- Schmeckt Kindern
- Gut zu verdoppeln

Für 4 Personen:

125 g Mehl
2 Eier
1/4 l Milch
1 Prise Salz
250 g Himbeeren
250 g Magerquark
150 g Crème fraîche
2 EL Zitronensaft
3 EL Zucker
Butter zum Ausbacken
Puderzucker zum Bestreuen

Zubereitungszeit: 30 Min.

Pro Portion ca.: 2200 kJ/530 kcal
18 g EW/24 g F/47 g KH

1 Aus Mehl, Eiern, Milch und Salz einen glatten, sahneflüssigen Teig herstellen. 15 Min. ruhen lassen.

2 In der Zwischenzeit die Himbeeren waschen. Den Quark, die Crème fraîche, den Zitronensaft und den Zucker verrühren. Die Himbeeren unterheben.

3 Butter in einer Pfanne zerlassen. Darin aus dem Teig nacheinander dünne Crêpes backen und warm halten.

4 Die Crêpes mit Himbeerquark füllen und mit Puderzucker bestäuben.

TIP!

Falls Teig übrig bleibt, fein gehackte Kräuter darunter mischen und einen Pfannkuchen backen. Diesen aufrollen, in feine Scheiben schneiden, auskühlen lassen und als Einlage in klare Suppe geben.

Mandelreis

- Preiswert
- Aus dem Vorrat

Für 4 Personen:

400 ml Milch
200 g Sahne
1 Prise Salz
125 g Milchreis (Rundkornreis)
30 g Zucker
1 EL Vanillezucker
1 TL abgeriebene Schale von einer unbehandelten Zitrone
1 Prise Zimt
4 EL Mandelblättchen

Zubereitungszeit: 35 Min.

Pro Portion ca.: 2240 kJ/535 kcal
15 g EW/15 g F/50 g KH

1 Die Milch mit der Hälfte der Sahne und dem Salz in einen Topf geben und aufkochen lassen. Den Milchreis unter Rühren einrieseln lassen.

2 Den Reis 30 Min. bei sehr schwacher Hitze ausquellen lassen, dabei immer wieder umrühren. Eventuell noch etwas Milch angießen.

3 Den Zucker und die Gewürze dazugeben. Den Reis abkühlen lassen.

4 Die Mandelblättchen in einer Pfanne ohne Fett goldbraun rösten.

5 Die restliche Sahne steif schlagen und unter den Reis heben. Die Mandelblättchen darüberstreuen.

VARIANTEN

Mandelreis schmeckt auch warm. Dann die Sahne am Anfang komplett dazugeben. Wer einen stärkeren Mandelgeschmack bevorzugt, gibt einige Tropfen Mandelaroma oder Amaretto in den Milchreis.

Mangocreme mit Mascarpone

- Schnell
- Gelingt leicht

Für 4 Personen:

1 große Mango (etwa 400 g)
250 g Magerquark
125 g Mascarpone
Saft von 1 Zitrone
3 EL Zucker
evtl. 5 EL Mineralwasser (mit Kohlensäure)
Zitronenmelisse zum Bestreuen

Zubereitungszeit: 20 Min.

Pro Portion ca.: 1190 kJ/290 kcal
10 g EW/15 g F/28 g KH

1 Die Mango schälen, etwas Fruchtfleisch in Scheiben schneiden und zum Garnieren beiseite legen. Das restliche Mangofleisch pürieren oder mit einer Gabel gut zerdrücken.

2 Den Quark, den Mascarpone, den Zitronensaft und den Zucker glattrühren. Das Mineralwasser unterrühren, damit die Creme geschmeidiger wird.

3 Die Quarkspeise in Schüsseln anrichten, das Mangofleisch darüber verteilen, mit den beiseite gestellten Mangospalten und der Zitronenmelisse dekorieren.

TIP!

Wenn Sie Mangofleisch aus der Dose nehmen, rühren Sie statt Mineralwasser 5 EL Mangosaft unter die Quarkcreme.

Honigquark mit Avocado-Kiwi-Salat

- Schnell
- Schmeckt Kindern

Für 4 Personen:

3 reife Avocados
4 EL Zitronensaft
500 g Sahnequark
abgeriebene Schale von 1 unbehandelten Zitrone
4 EL Honig
3 Kiwis
Puderzucker zum Bestäuben

Zubereitungszeit: 20 Min.

Pro Portion ca.: 2000 kJ/480 kcal
15 g EW/33 g F/32 g KH

1 Avocados halbieren, den Stein entfernen. Das Fruchtfleisch aus der Schale lösen. 2 Avocados in dünne Scheiben schneiden und mit 1 EL Zitronensaft beträufeln.

2 Das restliche Avocadofleisch zusammen mit dem restlichen Zitronensaft, dem Quark, der Zitronenschale und dem Honig pürieren oder mit einer Gabel gut zerdrücken.

3 Die Kiwis schälen und in dünne Scheiben schneiden.

4 Den Honigquark auf Tellern anrichten und mit den Avocado- und Kiwispalten anrichten. Mit Puderzucker bestäuben.

TIP!

Dazu schmecken geröstete Haferflocken und Mandeln. Geben Sie in eine Pfanne ohne Fett zu gleichen Teilen Mandelblättchen und Haferflocken und rösten Sie diese unter kräftigem Rühren, bis sie hellgelb sind.

Impressum

Redaktion: Christine Wehling
Lektorat: Claudia Daiber
Assistenz: Stefanie Poziombka
Layout, Typographie und Umschlaggestaltung: Heinz Kraxenberger
Satz und Herstellung: Sylvia Lingner
Produktion: Helmut Giersberg
Fotos: Reiner Schmitz;
S. 1 und 48: Mauritius Bildagentur
Reproduktion: Repro Schmidt, Dornbirn
Druck und Bindung: Kaufmann, Lahr
ISBN 3-7742-2253-3

Auflage	5.	4.	3.	2.	1.
Jahr	03	2002	2001	2000	99

Barbara Schwintowski
liebt die urtümlichen Genüsse aus ihrer bayerischen Heimat ebenso wie die Raffinessen internationaler Kochkunst an ihrem Wohnort Berlin. Neue Erkenntnisse setzt die zweifache Mutter zuhause und im Urlaub in praktische Erfahrungen um. Als Journalistin hat sie die Länder Europas bereist und ihre Erfahrungen und kulinarischen Erlebnisse in vielfältigen Beiträgen für Zeitungen und den Hörfunk verarbeitet.

Reiner Schmitz
begann seine berufliche Laufbahn in Düsseldorf und München als Assistent bei verschiedenen Food- und Stillife-Fotografen. 1989 machte er sich als Foto-Designer in diesen Spezialgebieten selbständig. Zu seinen Kunden zählen Industrie, Werbeagenturen und Verlage. Besonderen Wert legt Reiner Schmitz auf stimmungsvolle Aufnahmen, die die natürliche Frische der Lebensmittel wiedergeben. Die Fotos dieses Buches entstanden in enger Zusammenarbeit mit dem Koch und Foodstylisten Rudolf Vornehm.

GASHERD-TEMPERATUREN

Die Temperaturstufen bei Gasherden variieren von Hersteller zu Hersteller. Welche Stufe Ihres Herdes der jeweils angegebenen Temperatur entspricht, entnehmen Sie bitte der Gebrauchsanweisung.

ABKÜRZUNGEN

TL = Teelöffel
EL = Eßlöffel
Msp. = Messerspitze

kJ = Kilojoules
kcal = Kilokalorien
EW = Eiweiß
F = Fett
KH = Kohlenhydrate